따라하면
수익이 따라오는
ETF 투자

따라하면 수익이 따라오는 ETF 투자

이재준 지음

Exchange Traded Fund

원앤원북스

많은 사람들이 ETF에 관심을 갖고 있는 것 같습니다. ETF도 개별주식과 같이 좋은 투자철학으로 해야 합니다. 단기적인 매매를 지양하고 장기적인 관점으로 투자해야 합니다. 이 책을 통해 ETF에 대한 궁금증을 해소할 수 있기를 희망합니다. **존 리(메리츠자산운용대표)**

ETF는 개인들이 다양한 시장에 분산투자할 수 있도록 해주는 최적의 투자상품입니다. ETF를 이용한다면 적은 투자금을 가진 개인투자자라도 수십조 원 단위로 운용되는 글로벌 포트폴리오와 비슷한 운용전략을 구사할 수 있기 때문입니다. 저자는 이 책에서 ETF 투자에 대한 개인들의 관심을 끌어내면서 적절한 투자방법과 전략, 주요 ETF 상품을 상세히 설명합니다. 자산관리의 수단으로서 ETF 투자에 입문해보고자 하는 분들에게 이 책을 권합니다.

이신영
(교보악사자산운용 금융공학운용팀 팀장, 전 하나금융투자 멀티에셋운용팀)

코로나19로 폭락한 증시를 동학개미운동으로 끌어올렸습니다. 녹두장군 전봉준은 실패했지만, 개미동학군은 지금까지 봐서는 성공한

듯합니다. 주식 열풍이 이제는 ETF로까지 확대되고 있습니다. 이 책에서는 투자자가 접하기 어려웠던 ETF 세금과 해외물도 일목요연하게 정리되어 있어 많은 ETF 투자자들에게 도움이 될 것으로 기대합니다.

조진구(금융투자협회 광고심사부)

ETF는 파생상품입니다. 파생상품은 기초자산인 주식, 채권, 일반상품 등의 움직임을 금융공학적인 기법으로 포착하는 상품입니다. ETF는 기초자산 중에서도 주가지수의 움직임을 잘 알아야 하는 파생상품입니다. 이 책은 주식의 움직임에 정통한 가온투자자문 이재준 전 대표이사가 어렵고 난해한 금융공학을 쉽게 풀어서 일반인의 눈높이에 맞게 쓴 책입니다. ETF 투자의 부족한 부분을 이 책으로 보완하면 그 시작과 끝이 완성될 것으로 생각됩니다.

김창학
(공익금융사단법인 탐라금융포럼 이사장, 전 신한BNP파리바자산운용 펀드매니저)

해외 주식 거래 규모가 100조 원을 훌쩍 넘어선 가운데 여전히 투자자의 시선은 FANG와 MAGA, 국내 주식은 삼성전자 정도에 머물러 있습니다. ETF는 이러한 개인투자자의 약점을 보완해줄 수 있는 훌륭한 패시브 투자상품입니다. 이 책을 통해 개인투자자들이 ETF를 충분히 이해하고, 투자를 시작할 수 있는 계기가 되기를 바랍니다.

주은환(SNEK 대표)

지금 당장 ETF 투자를 시작하라!

"증권 투자 대중화와 투자 선진화를 위한 방법은?"

바로 필자가 이 책을 출간하게 된 이유다. 첫 번째로 대중화란 '대중 사이에 널리 퍼져 친숙해졌다'라는 뜻이다. '동학개미운동' 이라는 유행어가 만들어지고 주식 투자의 대중화를 이끌며, 주린이(주식+어린이의 합성어로 주식 투자 초보자를 의미)들의 참여도도 증가했다.

이와 함께 2019년 ETF 시장의 순자산총액은 2018년보다 20% 증가하면서 50조 원을 돌파했다. 국내 첫 ETF가 2002년 상장된 이후 현재 15개 국내 자산운용사가 총 451개의 국내 상장 ETF를 운용하고 있으며, 2020년 3월에는 하루 거래대금이 7조 원에 육박하면서 ETF 시장에 많은 관심이 쏠렸다. 2020년 ETF는 순자산총액이 작년보다 10% 이상 증가할 것으로 예상하고 있다.

코로나19가 발생하면서 ETF 상품은 투자자에게 더욱 친숙해졌다. 이는 많은 사람들의 입소문 덕이다. 앞으로 'E린이(ETF 어린이)' 'E청년(ETF 청년층)' 'E중년(ETF 중년층)' 'E장년(ETF 장년층)' 등의 신조어를 기대해본다.

두 번째로 투자의 선진화다. '부동산처럼 기초자산이 하나인 상품을 가지고 오를까 내릴까를 결정하는 1차원적인 방식을 탈피하면 어떨까?'라는 물음이 생겼고, 이를 해결할 수 있는 방법을 고심하던 중 바로 ETF 상품이 금융 선진화를 위한 상품으로 길잡이 역할을 할 수 있으리라 생각했다.

투자의 선진화를 위해서는 대안 투자, 대체 투자 등 다양한 기초자산 형태로 이루어져야 한다. 이 외에 세금, 금융시스템 등의 개선도 투자의 선진화를 위해 필요하지만, 가장 중요한 점은 다양한 금융 투자자산이 시장에 제공되어야 한다는 것이다.

우리가 반찬을 골고루 먹어야 필요한 영양소를 섭취할 수 있듯이, ETF는 여러 금융 반찬을 제공하면서 자산을 건강하게 만드는 필수 영양소를 얻게 해준다. ETF는 다양한 기초자산(주식·부동산·원자재·통화·채권·파생상품 등)을 제공하면서 시장에 맞게 수익과 리스크 관리를 동시에 만족시키는 선진화된 상품이다.

전설적인 투자자 워런 버핏은 "기업 리스크를 피하기 위해 전체 종목을 사는 것이 안정적인 투자"라고 이야기했으며, 노벨경제학상을 받은 폴 새뮤얼슨도 "인덱스펀드 상품 개발은 바퀴와 알파벳만큼 가치 있는 것"이라고 이야기했다.

현재 한국 정부는 부동산 투기를 막기 위해, 자금이 부동산보다는 주식으로 흘러가는 것이 좋다고 말하고 있다. 코로나19로 어려운 시기에 주식 시장을 떠받쳐온 동력인 개인투자자들을 응원하고 주식 시장을 활성화하는 데 방점을 두고 있다. 이러한 주식 시장에서 ETF는 전통적인 투자가 아닌 새로운 투자수단으로 더 각광받을 것이라고 기대한다.

필자는 증권사PB, 투자자문사(금융투자업자) 애널리스트와 대표로 근무했다. 투자자문사 대표로 근무할 당시 ETF로만 구성된 상품(EMP)을 만들어 운용했다. ETF를 운용하면서 느꼈던 점은 앞서 이야기했던 것처럼 수익과 리스크 관리를 동시에 할 수 있어 효율적이라는 것이다.

이러한 이유로 개인투자자들에게 수많은 자문과 조언을 요청받았다. 과거와 달리 무조건 수익률에 집중하는 것이 아닌 안정적인 투자방법을 통해 '내 자산을 지키기 위한 투자'로 인식이 바뀌고 있다. 이것이 바로 ETF 투자를 통한 자산관리다. ETF는 개인투자자가 안정적인 수익을 낼 수 있는 혁신적인 금융상품이 될 것이다.

필자는 한국 ETF의 성장을 위해 앞으로도 전력투구할 것이다. 국내 ETF 시장이 성장궤도에 들어서기 위해서는 정확한 정보를 제공할 수 있는 교육이 필요하다. 필자는 시의적절하게 대중들이 쉽게 이해할 수 있도록 유튜브 방송, SNEK(경제뉴스 앱) 기고, 온·오프라인 강의 등 다양한 플랫폼을 통해 교육의 첫걸음을 떼려고 한다.

국내외 ETF에 대한 시장구조, 장점, 용어, 세금, 종류, 투자전략, 위험분석, 자산관리 프로세스, 유망 ETF 등을 이 한 권에 담았다. 이 책이 독자 여러분에게 길을 안내해주는 투자의 나침반이 되리라 확신한다.

"같이 걸어줄 누군가가 있다는 것, 그것처럼 우리 삶에 따뜻한 것은 없다." 앞으로 ETF 투자에 있어 항상 같이 걸으며, 투자자의 삶에 따뜻함을 전할 수 있도록 최선을 다하겠다.

이재준

목 차

PART 1 따라하기 전 ETF 알아보기

Exchange Traded Fund

Exchange Traded Fund

PART 6 국내외 유망 ETF 11

ETF가 자산관리의 뜨거운 별로 떠오르고 있다. 이 책을 따라하기 전 ETF가 자산관리에서 왜 중요한 투자상품인지 알아보자. ETF는 변동성을 관리하기 위한 최적의 수단이며, 고령화 시대를 대비한 투자수단, 저금리 시대 유망 투자수단, 글로벌 투자수단, 금융상품 투자수단으로도 굉장한 경쟁력을 가지고 있다. 이번 목차를 통해 ETF의 여러 장점을 알고 ETF가 가진 매력을 느낄 수 있을 것이다. 더불어 ETF와 ETN의 차이점도 알아보자.

PART 1

따라하기 전
ETF 알아보기

"내가 죽으면 재산의 90%를 S&P500 인덱스펀드에 투자하라."

이 발언의 주인공은 워런 버핏이다. 기업 리스크를 피하려면 전체 종목을 사는 것이 안정적인 투자라고 이야기한 것이다.

2020년 2월 중국발 코로나19가 창궐하면서 팬데믹 선언까지 이어진 이후, 글로벌 증시는 30~40% 폭락했다. 코로나19로 인해 기업은 가동을 멈추었고, 원유 수요가 극심하게 줄어들며 마이너스 유가라는 전대미문의 상황이 연출되었다. IMF와 각국 중앙은행들은 OECD 국가의 마이너스 성장을 예상했고, 국가별·지역별 펀더멘털이 망가졌다. 그러나 한국은행의 무제한 완화적 통화

정책, 정부 추경을 통한 재정정책 등으로 증시는 V자 반등을 하며 2020년 9월 기준 코스피지수가 2,400선까지 회복했다.

높은 변동성으로 인해 변동성을 관리할 수 있는 투자상품에 대한 수요가 생기면서 ETF는 '자산관리의 뜨거운 별'이 되었다. 특히 ETF는 지금같이 불확실성이 높은 시대에 그 위력을 보여줄 것이다. 인덱스펀드나 주식형 펀드보다 상대적으로 안정적인 수익을 얻을 수 있으며, 거래비용이 적고, 쉽게 매매할 수 있기 때문에 효율적인 자산관리가 가능하다. 또한 다양한 투자자산(소득/인컴형자산·채권·주식·통화·파생상품·원자재·섹터·국내/해외 ETF 등)으로 이루어져 있어 투자자들이 접근하기 어려웠던 포트폴리오나 자산군을 편입시킬 수 있어 저금리·저성장 시대에 매력 있는 투자상품이다.

최악의 경제지표, 코로나19 팬데믹, 제로금리, 미중 무역분쟁, 대북 리스크 등 대내외 불확실성과 잠재적 위험을 관리할 수 있는 ETF에 열광할 차례다. 먼저 ETF의 장점을 살펴보자.

··· 변동성을 관리하는 최적의 수단 ···

주식 투자를 하다 보면 내가 산 종목이 지수가 상승할 때는 오르지 않고, 하락할 때는 지수에 비해 더 크게 떨어지는 경우가 비일비재하다. 특히 하락할 때는 시장에 비해 3~5배 더 떨어지기도 한다. 시장 대비 하락 폭이 더욱 크기에 투자자가 체감하는 손실의 폭도

표1 ◆ 30일 기준 단기 변동성 비교

자료: 펀드슈퍼마켓

더 커진다. 보통 개인투자자들은 단기간 수익을 목표로 급등주, 테마주 등 변동성이 높은 종목에 투자한다. 변동성을 관리하지 않기 때문에 하락 시 큰 손실을 입을 수밖에 없다.

필자도 주식 투자를 하면서 똑같은 경험을 했다. 특히 1년 중 하락하는 일수가 상승하는 일수보다 많았기 때문에 하락 시 변동성을 관리하는 것이 중요함을 더욱 크게 깨달았다. 이런 부분을 보완할 수 있는 투자상품이 바로 ETF다.

표1 그래프는 플레인바닐라의 EMP펀드(ETF), 코스피200지수, 국고채 10년물 ETF의 변동성을 비교한 것이다. 코로나19로 인해 폭락 당시 지수보다 EMP펀드와 채권물 ETF가 상대적으로 변동폭이 작았다. 2020년 2~3월 코로나19가 발생하며 지수는 30% 이상 빠졌지만, 개별기업 종목은 50% 이상 빠지는 상황이 발생했다.

ETF는 이러한 하락 리스크 변동성을 줄일 수 있는 대표적인 상품이다.

ETF는 특정지수를 추종하는 상품이다. 특정지수를 추종하기 때문에 인덱스(Index, 지수 또는 지표) 안에 있는 종목들에 분산투자하는 효과가 생기며, 개별기업에 투자하는 것보다 리스크를 줄일 수 있다. "달걀을 한 바구니에 담지 마라."라는 투자 격언처럼 ETF를 통해 분산투자를 하는 것이다. 즉, ETF 1주를 매입하더라도 ETF를 추종하는 지수 구성종목 전체에 투자하는 효과가 발생한다.

ETF는 인덱스펀드처럼 지수의 일일변동성을 추종하기 때문에 개별기업이나 펀드보다 변동성이 낮다. 특히 지수가 하락할 때는 손실을 최소화할 수 있다는 장점이 있어 변동성 관리 면에서는 최고의 투자수단이다. 예를 들어 자본 규모가 큰 투자자들은 위험관리에 중점을 둔다. 무엇보다도 변동성을 회피하고 싶어 한다. 그렇기 때문에 자산가 입장에서는 ETF 상품을 활용하면 리스크를 상당 부분 줄일 수 있다.

ETF는 개별기업 투자와 달리 가격이 상승할 때와 하락할 때 양방향 투자수익을 얻을 수 있다. 또 안전자산 ETF를 편입해서 증시가 폭락할 때 상대적으로 수익을 추구할 수 있어 일부 헤지가 가능하다.

우리는 코로나19로 인한 증시의 하락을 반성과 교훈의 기회로 삼아야 한다. 결국 개별기업 투자보다 ETF 투자가 변동성을 관리할 수 있다는 것을 잊지 말아야 한다.

··· 고령화 시대를 대비하는 투자수단 ···

고령화가 빠르게 진행되고 있는 한국은 이제 초고령사회 진입을 앞두고 있다. 한국 경제의 든든한 버팀목이었던 베이비부머 세대의 은퇴가 가속화하면서 '100세 시대의 노후 준비'가 사회 이슈로 떠올랐고, 자산관리에 대한 관심도 높아졌다. 고령화 시대에 국민의 자산 증식수단으로 활용할 수 있는 상품은 무엇일까?

앞으로는 평균 수명이 더 늘어날 전망이기 때문에 행복한 노후생활을 위해서는 노후 대비 자금 마련이 필수다. 자녀의 도움을 받을 수 있는 세대는 점차 줄어들며 결국은 스스로 노후를 대비해야 한다. 특히 60~70대 이후에는 수입이 줄어들고 지출이 늘어나기 때문에 노후자금을 관리할 수 있는 ETF 활용이 중요하다.

상품 내 다양한 ETF 자산군을 효율적으로 배분해 고정적인 수익을 얻을 수 있고, 세제 혜택을 누릴 수 있는 ETF는 고령화 시대에 적합한 투자상품이다.

··· 저금리 시대의 유망 투자수단 ···

2020년 6월 국가별 기준금리(표2)를 보자. 중국과 일본을 제외한 국가들이 0%대 기준금리를 보인다. 심지어 일본은 마이너스 금리다. 코로나19로 인한 경기침체 때문에 각국의 중앙은행들이 저금

표2 ◆ 주요국 기준금리(2020년 6월 기준)

국가	한국 (BOK)	미국 (FRB)	유로존 (ECB)	영국 (BOE)	호주 (RBA)	일본 (BOJ)	중국 (PBOC)
기준금리(%)	0.50	0.25	0.00	0.10	0.25	-0.10	3.85
차기 중앙은행 일정	2020/ 07/16	2020/ 07/30	2020/ 07/16	2020/ 08/06	2020/ 07/07	2020/ 07/15	-

*중국: LPR 1Y(Loan Prime Rate) 기준

자료: 한국은행

표3 ◆ FRB 6월 점도표

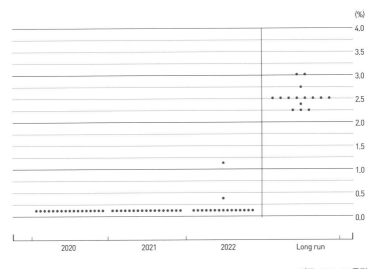

자료: FRB, KB증권

리 기조를 유지하며, 기준금리는 제로금리로 가고 있다.

표3은 연방준비은행(FRB, 이하 연준)의 점도표다. 연준은 2022년까지 제로금리를 유지할 것을 시사했다. 미국은 코로나19 팬데믹 이후 물가는 0%대, 실업률은 10%대로 최악의 시기를 보내고 있

표4 ◆ 국고채 기준금리

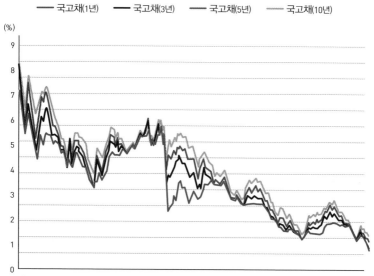

자료: 한국은행

다. 실업률 3%대로의 회귀는 2022년까지 어렵다고 판단해, 연준 위원 대다수는 제로금리가 유지될 것으로 예상했다.

한국의 국고채 기준금리는 지속적으로 추세가 내려가고 있다. 단기물보다 장기물의 채권금리가 높기 때문에 10년물 금리가 가장 위에 있고, 1년물 금리가 가장 아래에 있다. 국고채 금리는 금융 통화위원회의 4월 회의 이후 채권발행 확대 우려 등의 상승요인과 시장 안정화 조치 등의 하락요인이 교차하면서 1% 내외에서 등락 하다가, 5월에 들자 미중 간 갈등 재부각 및 완화적 통화정책 기대 로 내려갔다.

표5 ◆ 미국 국고채 수익률 10년물

자료: 한국은행

미국의 10년물 국고채 수익률은 2020년 3월 이후 가파르게 하락했다. 경기침체에 대한 불확실성이 금리에 반영되면서 향후 금리가 더 내려갈 수도 있다는 예측이 10년물 국고채 수익률에 반영되었다.

이같이 자료에서 본 것처럼 2020년은 코로나19 전개 양상을 둘러싸고 불확실성이 매우 높은 상황이다. 현재 상황에서는 코로나19의 장기화나 재확산, 2차 유행도 충분히 발생할 수 있다. 이런 이유로 글로벌 국가들이 저금리 기조를 유지할 것으로 보인다. 특히 한국은 미중 무역갈등의 심화, 지정학적 리스크, 반도체 설비투자 수출 영향 등 경제 충격이 올해보다는 내년에 더 클 수 있다는 점 때문에 더욱 그렇다.

저금리 기조의 장기화로 인해 '시장수익률+α'를 추구할 수 있는 투자수단으로 ETF가 재차 부각될 것이다. 예를 들어 리츠 ETF, 부동산인프라 고배당 ETF, 채권 ETF, 달러 ETF 등 인컴형 ETF는 안정적인 배당수익과 매매차익을 동시에 가져다줄 수 있기 때문에 전통적인 투자수단으로서 주목받게 될 것이다.

··· 글로벌 투자수단 ···

코로나19 여파로 인해 미국의 무역적자는 확대되었고 고용지표도 부진했다. 그러나 ETF 시장에는 2020년 5월 가장 큰 폭의 자산이 유입되었다. 미국S&P500에 30억 달러가 유입된 것이다. 재정정책과 통화정책으로 인해 풍부한 유동성이 공급되었기 때문이다. 이처럼 글로벌 투자수단으로서 ETF가 매력을 갖게 되었다.

ETF는 국내 주식 시장에 상장된 ETF와 해외 주식 시장에 상장된 ETF로 나누어진다. 국내 주식 시장에 상장된 '해외 ETF'가 있고, 미국 뉴욕 또는 나스닥 시장에 상장된 '글로벌 ETF'가 있다. 국내 주식 시장에 상장된 해외 ETF로는 차이나CSI, 미국S&P500, 유

표6 ◆ 글로벌 ETF vs. 해외 ETF

구분	글로벌 ETF	해외 ETF
상장거래소	해외 상장 해외거래소	국내 상장 국내거래소
거래통화	해당 국가 통화	원화
거래시간	해당 국가 거래시간	국내 주식 거래시간
장점	- 다양하고 폭넓은 종목 - 충분한 거래량 - 추적오차 적음	- 거래비용 저렴 - 비교적 거래하기 쉬움
단점	- 환전 및 해외 주식 수수료	- 종목 및 거래량 부족 - 글로벌 ETF보다 추적오차 큼
대상	- 투자 경험이 많은 투자자 - 다양한 투자전략을 세우려는 투자자	- 초보 투자자 - 번거로운 투자절차가 부담되는 투자자

로스탁스 등 시장지수를 추종하는 ETF가 있으며, 글로벌 ETF로는 Vangard, SPDR, iShares 등 운용사가 취급하는 ETF가 있다.

앞서 이야기한 바와 같이 국내 주식 ETF를 제외한 ETF를 분류하면 글로벌 ETF와 해외 ETF로 구분된다.

글로벌 ETF(역외 ETF)는 해외 거래소에서 해당 국가의 통화로 거래하는 것이다. 폭넓고 다양한 종목이 있으며, 거래량이 많아 추적오차가 적은 장점이 있다. 해외통화로 거래해야 하니 환전 및 해외 주식 수수료가 발생한다. 투자 경험이 많고, 해외기업에 익숙한 투자자들이 접근하기에는 용이하다.

국내에 상장된 해외 ETF는 원화로 거래하며, 거래비용이 적다는 장점이 있다. 다만 글로벌 ETF보다 거래량이 적으며 추적오차

표7 ◆ 국내 ETF 시장 현황

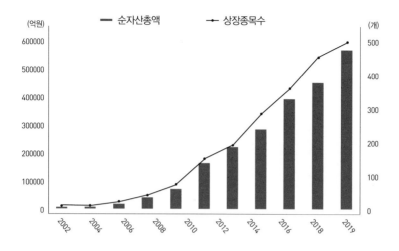

자료: 한국거래소

표8 ◆ 글로벌 ETF 현황

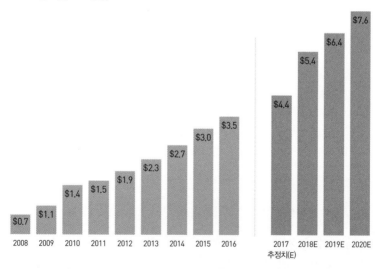

자료: Global ETF Survey 2017, EY(Ernst&Young)

위험이 발생한다. 초보 투자자가 접근하기 용이하다.

2002년 종목수 4개, 거래대금 300억 원으로 시작해서, 2009년 자본시장법 시행 이후 운용사들의 ETF 신상품 개발에 따라 ETF 시장이 활성화되었다. 국내 ETF 330개(주식형 218개, 레버리지·인버스 62개, 채권형 27개 등)와 해외 ETF 117개(주식형 62개, 원자재 13개 등)로 총 447종목이다. 지속적으로 신규 상장종목이 늘어나 2020년 7월 말 기준 447개 종목이 상장되어 있다. 국내와 해외 ETF의 비중은 각각 73.8%와 26.2%다.

글로벌 ETF는 미국에서 시작했으며, 2016년 순자산총액이 35억 달러를 돌파했다. 2020년 추정치는 76억 달러를 넘을 것으로 보인다. 미국은 ETF가 주식거래의 25% 이상을 차지하며, 증시 상승에 힘입어 ETF 시장 역시 가파르게 성장했다.

ETF만으로 국내 및 해외 시장의 주식, 채권, 원자재, 통화 등 다양한 종류의 자산에 투자할 수 있는 상품 라인업이 구축되어 있다. 앞으로도 상품은 지속적으로 증가할 것으로 예상된다.

··· 금융상품을 위한 투자수단 ···

한국의 연금구조는 3층으로 되어 있다. 국민연금, 퇴직연금, 개인연금이다. 국민연금만으로는 은퇴 후 생활이 어려워질 수 있기 때문에 미래를 대비해서 퇴직연금과 개인연금을 준비하고 있다.

표9 ◆ 한국의 연금구조

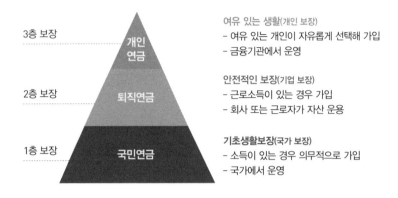

3층 보장	개인연금	여유 있는 생활(개인 보장) - 여유 있는 개인이 자유롭게 선택해 가입 - 금융기관에서 운영
2층 보장	퇴직연금	안전적인 보장(기업 보장) - 근로소득이 있는 경우 가입 - 회사 또는 근로자가 자산 운용
1층 보장	국민연금	기초생활보장(국가 보장) - 소득이 있는 경우 의무적으로 가입 - 국가에서 운영

자료: 고용노동부

　　노후자금 마련을 위한 개인연금인 연금저축과 개인형 퇴직연금 (IRP)은 세액공제와 과세이연 혜택이 있으며, 연금 수령 시 저율과 세를 적용받기 때문에 금융상품을 위한 투자수단으로 ETF를 활용할 수 있다. 지속적인 장기투자 자산관리를 통해 균형 잡힌 자산 분배를 하기 위해서 연금저축, 퇴직연금, IRP를 ETF로 거래한다. 대부분의 메이저 증권사에서는 연금저축으로 약 300개, 퇴직연금 (IRP 포함)으로 약 280개 ETF를 매매할 수 있다.

　　2019년 말 연금저축 적립금은 143조 4천억 원(계약 702만 건)으로 전년 대비 6.1% 증가했다. 수익률은 여러 금융기관 상품 중에 연금저축펀드가 수익률 10.05%로 가장 높았다. 연금저축펀드 수익률 제고로 인해 연금저축보험, 연금저축신탁 상품에서 연금저축펀드로 계좌이전 역시 활발하게 이루어지고 있다. 특히 삼성자산

표10 ◆ 연금저축 현황

구분	2018		2019	
	적립금(조원)	계약수(천건)	적립금(조원)	계약수(천건)
보험	100.5	4,887	105.6	4,817
신탁	17.2	987	17.4	942
펀드	12.2	839	14.5	941
기타*	5.4	305	5.9	320
합계	135.2	7,017	143.4	7,020

*신협, 수협, 새마을금고 및 우체국에서 판매하는 연금저축공제보험

자료: 금융감독원

표11 ◆ 연도별 퇴직금 적립금 및 증감률

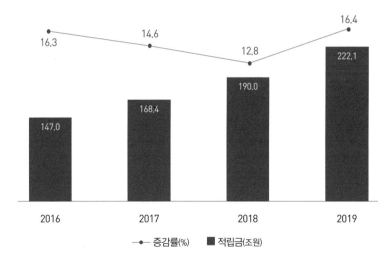

자료: 100lifeplan.fss.or.kr

표12 ◆ 제도유형별 적립금 증감 현황(단위: 조원, %, %p)

구분	DB(비중)	DC·IRP특례(비중)	IRP(비중)	합계(비중)
2019년 말	138.0(62.4)	57.8(26.1)	25.4(11.5)	221.2(100)
2018년 말	121.2(63.8)	49.7(26.1)	19.2(10.1)	190.0(100)
증감(증감률)*	16.9(13.9)	8.1(16.3)	6.2(32.4)	31.2(16.4)

*증감률: 2019년 적립금−2018년 적립금/2018년 적립금

*IRP특례: 「근로자퇴직급여 보장법」 제25조에 따라 10인 미만 기업에서 근로자의 퇴직급여 지급을 위해 설정한 IRP(기존 기업형IRP 명칭 사용)

자료: 100lifeplan.fss.or.kr

운용에서 운용하는 KODEX200 ETF로 연금저축을 활용하는 개인들이 많아졌다.

퇴직연금은 전체적으로 보면 2016년부터 3년 동안 연평균 약 15% 증가했다(표11 참고). 그중 퇴직연금펀드만 보면 30% 수준의 성장률을 보인다. 제도유형별로는 확정급여형(DB) 180조 원, 확정기여형(DC)·IRP특례(기업형IRP) 57조 8천억 원, 개인형 퇴직연금(IRP) 25조 4천억 원이 적립되었다. 이중 확정급여형은 전년 대비 16조 9천억 원이 증가(13.9%)했고, 확정기여형·IRP특례는 8조 1천억 원 증가(16.3%)했다. 특히 개인형 퇴직연금의 경우 전년 대비 6조 2천억 원이 증가해 32.4%의 높은 증가율을 보였다.

개인형 퇴직연금은 연간 1,800만 원까지 적립할 수 있고, 이 중 700만 원까지 세액공제를 해준다. 연말정산 시 소득에 따라 적립액의 13.2~16.5%를 환급받을 수 있다(연금저축 적립금과 합산해 700만 원 한도). 또한 전체 자산의 70%까지는 주식형 ETF나 펀드 같

표13 ◆ 개인연금을 ETF로 이용 시 장점

ETF(분산투자&저렴한 수수료)	개인연금(세액공제+과세이연+저율과세)

- 다양한 자산에 소액 분산투자 가능
   *인버스, 레버리지 ETF 제외
- 공모·펀드 대비 저렴한 수수료
- 실시간 매매 가능
- ETF를 매매하지 않아도 연금저축계좌 납입
   금액 기준으로 세액공제 받음(기존 펀드 매매
   와 동일)
	- 연 400만 원까지 세액공제
	- 배당소득세 15.4%를 인출 시 납부 가능
	- 55세 이후 연금 형태 수령 시 3.3~5.5%
	   과세

*다른 연금저축상품과 동일하게 중도해지 시 세제 혜택 부분에 대해 16.5% 기타소득세 부과

자료: 한국거래소

표14 ◆ 개인연금펀드, 퇴직연금 ETF 투자제한 범위

구분	투자불가 ETF
개인연금펀드	레버리지·인버스 ETF
퇴직연금(DC, IRP)	레버리지·인버스, 파생상품 위험평가액 40% 초과 상품

은 위험자산을 담을 수 있다.

　연금저축에서 레버리지·인버스 ETF는 투자대상에서 제외되지만, 퇴직연금과 달리 자산 중 파생상품의 위험평가액 비중이 40%를 초과하는 ETF에는 투자할 수 있다. 원유선물 같은 파생상품을 ETF로 담을 수 있는 것이다.

　연금저축계좌를 통해 ETF를 투자 시 세금이나 환매수수료 부담 없이 자유롭게 환매해 자산 리밸런싱을 하면서 계좌 내 상품만 교체하면, 펀드 수익에 대한 과세를 연금 수령 시점으로 이연하는 혜

택이 있다. 특히 해외투자 ETF는 주식매매 차익을 비과세하는 국내투자 펀드에 비해 세금 부담이 커 연금저축계좌에서 투자할 경우 상대적으로 더 큰 과세이연 효과를 누릴 수 있다.

ETF는 확정이율이 아니기 때문에 원금손실이 발생할 수 있다. 하지만 다양한 금융상품으로 분산투자한다면 안정성과 세제혜택을 동시에 누릴 수 있는 투자수단이 될 것이다.

··· ETF와 ETN 비교 ···

ETN(Exchange Traded Note)도 ETF(Exchange Traded Fund)와 마찬가지로 기초지수 수익률과 연동되는 원금 비보장형 투자상품이다. 지수를 추종하면서 거래소에 상장되었고, 유사한 수익구조를 지녔다. 그러나 ETF와 ETN은 일부 차이가 있다.

• 발행주체

ETF는 자산운용사이고, ETN은 증권회사다.

• 신용위험

ETF는 펀드에서 보유하고 있는 주식을 별도 신탁재산으로 보유하기 때문에, 자산운용사가 파산해도 신탁에 보관된 주식은 남아 있어 투자자금을 돌려받을 수 있다. 하지만 ETN은 증권사의 신용으로 발행되기 때문에 무보증·무담보로 설정되어 증권사의 상황에 따라 신용위험이 발생할 수 있다. 신용위험이 있다는 것은 발행 증권사가 파산 시 투자금액을 돌려받지 못할 수 있음을 의미한다.

• 기초지수

ETF는 기초지수가 10종목 이상이며, ETN은 기초지수가 5종목 이상 이다.

• 자산운용

ETF는 자본시장법에 따라 운용에 여러 제약이 있으나, ETN은 운용 방식에 제약이 상대적으로 적다.

• 만기

ETF는 만기가 없으나, ETN은 1년 이상 20년 이내로 만기가 있다.

• 펀드와 채권

ETF는 펀드와 유사하기 때문에 자산운용사에 투자하면 포트폴리오 를 통해 운용하고, 운용수익을 받는다. 그러나 ETN은 상장지수채권 이기 때문에 증권사가 전략에 맞게 운용한다는 약속을 믿고, 증권사 에 돈을 빌려주는 개념이다.

ETF와 ETN은 모두 지수를 추종하면서 거래소에 상장된 상품이 다. 또한 기초자산의 가격변화를 추종하는 공통점이 있다. 그러나 ETF와 ETN는 많은 부분에 있어 차이점이 있다.

우선 법적 성격이 ETF는 집합투자증권, ETN은 파생결합증권으 로 구분된다(파트5 자산관리 프로세스에서 집합투자증권과 파생결합증권의 의미를 설명하겠다). ETF는 자산운용사가 포트폴리오 운용수익을 통

표15 ◆ ETN vs. ETF

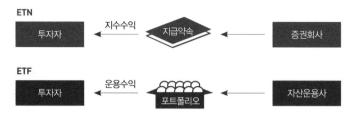

	구분	ETN	ETF
공통점	상품유형	지수추종형 상품	
	시장관리	거래소 상장 상품	
	수익구조	기초자산 가격변화 추종형 선형 수익구조 (단, ETN 일부 옵션 포함 상품 제외)	
차이점	법적성격	파생결합증권	집합투자증권
	발행주체	증권사	자산운용사
	신용위험	있음	없음(신탁재산으로 보관)
	기초지수 성격	맞춤형 지수	시장추종형 지수
	기초지수 구성 종목수	5종목 이상	10종목 이상
	기초지수 제한영역	시가총액 가중 방식의 시장대표지수, 섹터지수	-
	상품구조	약정된 기초수익 제공	운용실적 등에 따라 수익 상이
	만기	1~20년	없음

자료: 한국거래소

해 투자자에게 전달하며, ETN은 증권회사가 신용에 기반해 발행하며 기초지수의 수익률에 연동하는 수익 지급을 약속하는 개념이다. 이 외에 발행주체, 신용위험, 구성종목수, 만기, 약정수익, 상품구조 등도 구분된다. 앞서 이와 관련된 내용을 적었으니 참고하자. 한눈에 볼 수 있게 표15로 정리했다.

이제부터는 ETF에 대해 더 자세히 알아보도록 하겠다.

📝 기사로 ETF 읽기 1

"진정되기만 기다렸다"…레버리지 ETF '자금몰이'

한국경제, 2020년 2월 4일

 www.wowtv.co.kr/NewsCenter/News/Read?articleId=A20
2002040124&t=NNv

레버리지 ETF '자금몰이' 기사가 나왔다. 코로나19 확산세 속에 지수 반등을 노린 투자에 대거 나섰다는 내용이다. 중국 본토 주식 시장 개장을 앞두고 코스피, 코스닥지수 레버리지 ETF에 대규모 투자한 것이다. 레버리지 ETF를 통해 유입된 자금만 2천억 원 이상이었으며, 이틀간 70개의 국내외 레버리지 펀드로 1,400억 원의 투자금이 유입되었다.

이를 해석해보자. 개인투자자는 '과거 메르스, 사스 등 전염병 발생을 돌이켜보면 주식 시장이 빠르게 반등할 것이다.'라는 심리로 적극적인 투자에 나선 것이다. 그러나 2월 마지막 거래일 종가는 2,000포인트까지 빠졌고, 3월 패닉 장세가 나타나면서 1,450포인트선까지 수직 낙하 후 반등을 보였다.

그림1 ◆ 코스피 일봉차트

그림2 ◆ KODEX 레버리지 일봉차트

만약 2월 초 KODEX 레버리지에 투자한 사람이라면 1만 5천 원선에서 6천 원선까지 내려가는 모습을 지켜봤을 것이다. 레버리지 투자로 인해 60% 마이너스 수익률을 기록한 것이다. 기사에서는 '진정되기만을 기다렸다'고 나왔지만, 진정이 아닌 공포의 시작을 알리게 되었다.

같은 기간 외국인은 KODEX200과 TIGER200 등 순매도하고 KODEX200 선물인버스를 순매수하는 등 개인투자자와는 다른 방향으로 나섰고, 코스피 시장에서는 1조 원 규모의 주식을 팔아 치웠다. 전문가들은 코스피지수 2,100포인트에서는 분할해 저가 매수에 나설 만하지만, 아직 변동성이 확대되는 구간이라고 분석했다. 즉, 외국인과 개인들은 반대 포지션을 구축한 것이다. 주식 시장이 오르지 않을 것이라는 생각으로 KOSPI200 현물 지수를 추정하는 ETF 상품인 KODEX200과 TIGER200을 매도한 것이고, KODEX200 선물인버스를 매수한 것은 3월 시장 하락에 대한 무게가 매우 높았기 때문에 만기가 3개월마다 있는 선물인 KOSPI200 3월물(선물) KODEX200 선물인버스를 매수한 것이다. 여기서 인버스는 지수가 하락할 때 수익이 나는 ETF다. 결국 3월 폭락장에서 외국인 투자자는 많은 수익을 챙겼다.

이번에는 ETF를 투자하기 전에 반드시 숙지해야 할 사항을 알아보자. ETF 정의, ETF 특징, ETF 용어, ETF 세금, 펀드와 ETF의 차이점, ETF 종류 등에 대해 자세히 정리했다. 여기 나오는 내용만 확실히 알아두어도 투자자가 ETF의 기본개념을 완전히 탑재하는 데 많은 도움이 될 것이다.

PART 2

ETF 투자 전
필수 정보 뽀개기

01

ETF 정의 뽀개기

다이어트를 할 때 가장 중요한 것은 식단이다. 하지만 개인이 식단을 일일이 챙겨 먹는 것은 힘들기 때문에, 다이어트 관련 업체에서는 식단을 짜서 제공하고 음식을 준비해준다. 회사는 조금 더 용이하게 식단관리를 할 수 있도록 다이어트 A, 다이어트 B라는 제품을 출시한다. 소비자는 이렇게 구성된 제품을 구매한다.

이처럼 다이어트를 공인해주는 식단은 ETF 투자와 연결시킬 수 있다. 음식료 ETF라고 가정해보자. 잡곡밥, 김치찌개, 달걀프라이, 애호박나물, 깻잎지, 깍두기로 포트폴리오가 구성된 것이다. 다이어트 A 인덱스 내 포함되었다고 할 수 있다. ETF 종목명이 바

42

표1 ◆ 회사에서 구성한 다이어트 식단

다이어트 A(총 480kcal)		다이어트 B(총 470kcal)	
잡곡밥 1/2공기	150kcal	잡곡밥 2/3공기	200kcal
김치찌개 1/2그릇	120kcal	곰국	150kcal
달걀프라이 1개	120kcal	깍두기	20kcal
애호박나물	25kcal	고등어구이	100kcal
깻잎지	30kcal		
깍두기	25kcal		

로 '저탄수화물 식단 ETF'다. 즉, '다이어트 A 제품＝저탄수화물 식단 ETF(섹터 ETF)'로 표현할 수 있다.

ETF는 Exchange Traded Funds의 약어로 상장지수펀드라고 하며, 거래소에 상장되어 주식처럼 거래 가능한 펀드다. 특정자산 및 특정지수(Index)의 가격 움직임이 수익률에 연동되도록 설계되었다. 구성종목들로 펀드를 구성하기 때문에, ETF를 매수하면 지수의 구성종목 전체를 매수하는 것과 동일한 효과를 얻는다. 즉, ETF는 각 분야나 특정주제를 가지고 종목들을 모은 일종의 종합선물세트다.

ETF의 최초 상장은 1993년 미국에서 S&P500을 추종하도록 만들어진 SPDR이며, 국내에서는 2002년 10월 코스피200과 코스피50을 추종하는 4개의 ETF가 처음 상장되었다. ETF는 지금까지 나온 금융상품 중 가장 혁신적인 상품으로 평가받고 있으며, 유럽·아시아 시장을 포함해 전 세계로 영역을 넓힘과 동시에 종류도 다양해지고 있다.

표2 ◆ ETF

현재 ETF 시장점유율은 Vanguard, BlackRock, State Street, Fidelity 순이고, Vanguard가 52% 시장점유율을 보인다.

ETF는 상장지수펀드라는 명칭에서 알 수 있듯이 펀드, 그중에서도 인덱스펀드의 한 종류다. 주식처럼 상장되어 거래되는 인덱스펀드로서 주식과 펀드의 장점을 합친 하이브리드형 투자상품이다.

세계적으로 ETF가 관심을 크게 받은 배경에는 투자의 변화, 액티브펀드에서 인덱스펀드로 바뀐 투자 패러다임이 있다. 과거 좋은 자산관리의 개념은 유능한 펀드매니저가 투자 대상과 시점을 선정해 자산을 운용하는 것이었다. 하지만 점점 발전해가는 금융산업 환경에서 2008년 금융위기를 거치면서 전문적인 펀드매니저라 할지라도 시장의 초과수익을 얻는 것이 어려워졌고, 높은 보수를 내면서 운용하는 액티브펀드의 인식은 안 좋아졌다. 이에 반대 급부로 인덱스펀드, ETF의 관심이 증가했다.

2001년부터 2016년까지 절반을 넘는 펀드가 시장지수(BM)보다 낮은 수익률을 보였다. 그러나 글로벌 금융위기를 거치면서 유동성, 지배구조, 투명성의 인식이 확산함에 따라 투명하고 거래비용을 줄일 수 있는 대표 금융상품인 ETF를 주목하게 된 것이다.

가치투자의 달인 워런 버핏은 "자신이 잘 아는 종목에 장기투자하라. 만약 그럴 자신이 없다면 인덱스펀드에 투자하라."라고 말했다. 세계적 투자 귀재 짐 로저스는 "난 항상 ETF로 투자한다. 그리고 그것은 매우 멋진 일이다."라고 말했으며, 노벨경제학상 수상자 폴 새뮤얼슨은 "인덱스펀드 상품의 개발이야말로 바퀴와 알파벳 발명만큼 가치가 있는 것이다."라고 이야기했다.

ETF는 21세기 최고의 금융상품이라는 찬사를 받는다. 2015년 5월 역사상 처음으로 운용자산이 2조 9,710달러가 되었으며, 헤지펀드 운용자산을 뛰어넘었다. 25년 역사의 ETF가 70년 역사를 자랑하는 헤지펀드보다 운용자산이 커졌다는 사실은 투명한 운용과 낮은 거래비용이 얼마나 큰 장점인지를 보여주는 사례다.

국내에 ETF가 관심을 촉발하게 된 계기는 2011년 8월 유럽 재정위기다. 또다시 찾아올지 모르는 글로벌 금융위기에 대한 불안심리와 주식 시장이 급등락을 거듭하는 높은 변동성으로 인해 투자자들은 단기적으로 수익을 내기에 적합한 레버리지·인버스 ETF에 집중하기 시작했다.

2020년 코로나19가 퍼지면서 다시금 불확실한 시기가 찾아왔다. 글로벌 경기 변동위험, 기업의 구조조정 위험과 재무적 위험은 인위적으로 해결하기 어렵다. 이런 이유로 개별기업의 리스크를 피하기 위해서, 개별종목보다는 지수에 투자하는 것이 안정적이라고 생각함에 따라 ETF 투자자금이 늘어나고 있다. 또한 코로나19로 수혜를 받은 이커머스(E-commerce), 음식료, 필수소비재, 인터넷콘텐츠, 결제, 바이오, 게임, 헬스케어, 생활용품 등 섹터 ETF의 인기도 매우 높아졌다.

02

ETF 특징 뽀개기

··· ETF 시장구조 ···

발행시장과 유통시장

ETF는 발행시장과 유통시장이 존재한다. 구체적으로 무엇인지 알아보도록 하겠다.

발행시장은 ETF가 설정과 환매의 절차를 통해 신규로 발행되거나 소각되는 시장을 말한다. 발행시장에서 설정은 투자자가 펀드에 투자자금을 불입하고 ETF 증권을 새로 발행하는 것을 의미하며, 환매는 투자자가 투자했던 펀드의 자금을 회수하고 ETF 증권을 소각하는 것을 말한다. ETF 수량의 증가(설정) 또는 감소(환매)가 발생하는 시장이다. 마치 상장법인이 유상증자를 통해 주식을 새로 발행하고, 이를 거래소에 추가 상장하는 것과 유사한 개념이다.

유통시장은 발행된 ETF 증권이 상장되어 매수·매도를 통해 거래되어 ETF 소유자의 변경이 발생하는 시장을 의미한다.

ETF는 발행시장에서 지정판매회사(Authorized Participant), AP의 신청으로 인해 운용사에 설정·환매를 청구한다. AP는 투자자와 자산운용사에서 개입해 설정과 환매를 대행하는 증권회사다. 또한 지정판매회사 중 유동성공급업자(Liquidity Provider), LP를 동시에 수행하기도 한다. LP도 자신의 명의로 설정·환매를 청구할 수 있다.

표3 ◆ ETF 발행시장과 유통시장

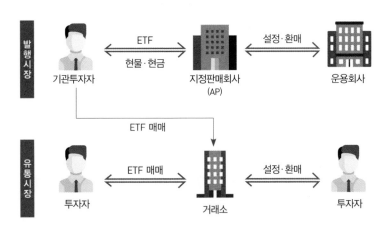

자료: 한국거래소

ETF 설정절차

발행시장에서 ETF 설정을 원하는 투자자는 지정판매회사에 ETF 설정에 필요한 주식 바스켓을 납입한다. 납입이란 ETF에 자산을 납부하는 절차다. 지정판매회사는 운용회사에 ETF의 설정을 청구하고 투자자로부터 받은 주식 바스켓을 설정 청구일로부터 3영업일까지 해당 ETF의 수탁은행에 납입한다. 투자자가 납입할 주식 바스켓을 보유하고 있는 경우에는 기보유분을 납입하고 그렇지 않은 경우 지정판매회사를 통해 주식 바스켓을 매수하기도 한다.

운용회사는 수탁은행 자산구성내역(Portfolio Deposit File), PDF에 납입된 것을 확인한 후 ETF를 발행하고, 발행된 ETF는 예탁원을 통해 지정판매회사 투자자 계좌에 입고된다. ETF의 운용사가

표4 ◆ ETF 설정절차

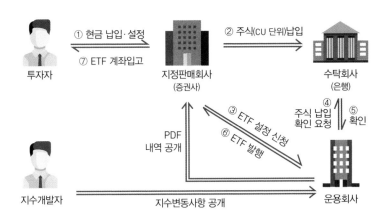

자료: 한국거래소

해당 ETF의 설정·환매를 위해 필요한 자산구성내역을 거래소를 통해 공시하고, 투자자는 검색으로 알 수 있다.

ETF 환매절차

ETF의 환매를 원하는 투자자는 보유하거나 매수한 ETF를 기반으로 지정판매회사를 통해 ETF 환매를 신청한다. 지정판매회사는 운용회사에 ETF 환매를 청구하고 환매 청구일로부터 3영업일까지 해당 ETF를 수탁은행에 납입한다. 운용회사는 수탁은행에 ETF 납입을 확인한 후 ETF를 소각하고 예탁원을 통해 지정판매회사의 투자자 계좌에 납입한 자산구성내역을 입고한다.

앞서 이야기한 것처럼 주식과 채권으로만 운용되는 전통적인 ETF는 실물(주식 바스켓)을 통한 설정과 환매가 일반적이다. 하지만

표5 ◆ ETF 환매절차

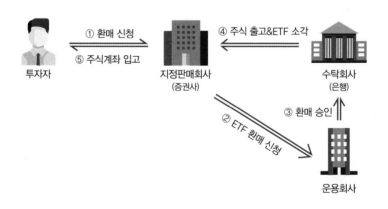

자료: 한국거래소

파생상품에 투자하는 인버스, 레버리지, 원자재 등 ETF는 파생상품의 납입이 불가능하기 때문에 실물 대신 현금으로 설정·환매를 한다. 또한 해외 주식 ETF는 매입과 이체가 자유롭지 않기 때문에 현금 설정·환매를 채택하기도 한다.

실물 설정을 현물 설정보다 선호하는 이유는 추적오차 위험을 줄일 수 있기 때문이다. 설정·환매에 따라 요구되는 자산의 편입 또는 매각에 필요한 각종 비용도 아낄 수 있다.

CU(Creation Unit)

설정과 환매에 CU라는 요소가 있다. CU는 설정과 환매가 이루어지는 단위로, 설정과 환매는 CU의 정배수로만 가능하다. CU는 5만 주 또는 10만 주와 같은 대량의 단위로 이루어지기 때문에 일반적으로 기관투자자만 참여한다.

다음의 사례를 보자. 수치의 정확성은 따지지 않았다.

사례1 ◆ KOSPI200 ETF PDF(현물 설정)

종목명	주식수	금액
삼성전자	202	
SK하이닉스	300	
현대차	1,000	
원화현금		800,000

*1CU= 50,000좌(12억 2천만 원)

사례2 ◆ KOSPI200 레버리지 ETF의 PDF(현금 설정)

종목명	주식수	금액
KODEX200	23,252	
삼성전자	298	
현대차	418	
KOSPI200 F201603	1,524	800,000
원화현금		−231,000
설정현금액		2,217,785,006

* 1CU= 200,000좌

사례3 ◆ KODEX200 PDF

기준일자 [2020-06-26] [📅] [조회] [보유종목 전체 다운로드 ↴]

NO	종목명	종목코드	수량	비중(%)
1	원화예금	KRD010010001	950,150	-
2	삼성전자	005930	8,113	30.08
3	SK하이닉스	000660	966	5.82
4	NAVER	035420	218	4.20
5	셀트리온	068270	179	4.04
6	LG화학	051910	79	2.82
7	삼성SDI	006400	89	2.35
8	카카오	035720	107	2.10
9	엔씨소프트	036570	32	2.09
10	현대차	005380	243	1.73

자료: 삼성자산운용

사례4 ◆ KODEX 코스닥150 레버리지 PDF

기준일자 2020-06-26   📅   조회   보유종목 전체 다운로드 ⬇

NO	종목명	종목코드	수량	비중(%)
1	설정현금액	CASH00000001	1,059,505,934	-
2	원화예금	KRD010010001	-28,077,117	-
3	코스닥150 F 202009	KR4106Q90008	88.44	97.86
4	TIGER 코스닥150	232080	9,761	10.94
5	셀트리온헬스케어	091990	991	10.73
6	에이치엘비	028300	452	4.27
7	알테오젠	196170	105	2.80
8	KBSTAR 코스닥150	270810	2,495	2.74
9	KODEX 코스닥 150	229200	1,986	2.21
10	셀트리온제약	068760	170	2.19

자료: 삼성자산운용

설정하는 경우 자산구성내역(PDF)에 나온 1CU 자산구성에 대한 정보에 맞게 주식형이라면 주식 바스켓을 납입한다. 환매하는 경우에도 현금이 아닌 CU에 해당하는 주식 바스켓을 받는다. 즉, 투자자가 낸 주식(실물)을 입고하고 출고하는 것이다. 실물 설정은 ETF의 수익률에 영향을 끼치는 것을 방지할 수 있는 장점이 있다.

현물인 경우는 주식 바스켓으로 설정하며, 파생형인 경우는 현금을 설정한다.

··· ETF의 7가지 장점 ···

1. 개별기업 리스크 회피

ETF는 투자자들이 개별주식을 고르는 데 수고를 하지 않아도 되는 펀드 투자의 장점과 언제든지 시장에서 원하는 가격에 매매할 수 있는 주식 투자의 장점을 모두 가지고 있다.

개인투자자들은 부족한 정보력, 오너리스크, 실적저하, 대외상황, 그 밖의 안 좋은 일 등 폭락이 일어나는 상황에 바로바로 대응하기 어려워, 각각의 개별종목에 직접 투자했다가는 손해를 보기 쉽다. 하지만 ETF는 개별종목이 아닌 시장 전체, 특정산업군, 업종별, 원자재 등 하나의 섹터를 모아서 전체적으로 투자해놓고, 개인 투자자들은 그 상품을 시장에서 거래하는 방식이다. 다시 한번 강조하지만 ETF는 개별주식 투자보다 안전하다고 볼 수 있다.

2. 상장폐지 리스크 전액 원금손실 없음

주식 투자는 기업도산 시 전액손실을 본다. 하지만 ETF는 투자자들이 최소한의 금전적 피해만 볼 수 있도록 설계되어 있다. ETF는 기업이 파산하는 경우에 ETF를 구성하고 있는 모든 주식을 팔아서 돈을 다시 나누어준다. 즉, 순자산가치만큼 처분해서 다시 돌려준다. 결론적으로 상장폐지가 되어도 휴지조각이 되지 않는 것이다.

3. 분산투자

ETF의 기본적인 특징이자 장점은 분산투자에 있다. 주식형 ETF
는 최소 10종목 이상에 의무적으로 분산투자해야 하며, 1종목에
대한 투자비중도 ETF 자산의 30%를 초과할 수 없는 등 분산투자
의 원칙에 충실하다. 원자재 ETF와 같이 단일 상품에 투자하는
ETF도 있지만, 투자대상이 기업 부도와 같은 신용위험으로 갑작
스러운 손실을 초래할 위험이 없는 자산의 경우에만 ETF 투자가
가능하다.

국내 코스피지수에 포함된 대부분의 ETF는 50개 이상 구성되
어 있으며, 700여 개의 종목으로 구성된 ETF도 있다.

4. 저렴한 비용

한국거래소에 상장된 400여 개가 넘는 ETF의 평균 총보수(순자산
총액으로 가중평균)는 0.1~0.25%다. 액티브펀드는 1.5~2% 정도로,
ETF는 액티브펀드에 비해 저렴하다. 최근 ETF에 대한 경쟁이 심
화하면서 ETF 운용사의 보수 인하 경쟁도 치열하다. 이로 인해 비
용에 대해서 절감할 수 있게 되었다. 예를 들어 미국의 Invesco가
운용 중인 QQQ ETF는 0.2%로 보수가 고정적이다. 삼성자산운용
KODEX200의 총보수는 0.15%(연)다.

그림1 ◆ QQQ 요약 자료

QQQ Summary Data

Issuer	Invesco
Inception Date	03/10/99
Legal Structure	Unit Investment Trust
Expense Ratio	0.20%
Assets Under Management	$116.91B

그림2 ◆ KODEX200 상품개요

KODEX KODEX 200(A069500)

O 상품개요

ETF 종목명	삼성 KODEX200 증권상장지수투자신탁[주식]		
기초지수명	코스피 200		
자산운용사	삼성자산운용		
순자산규모(억원)	0		
현재가(원)	28,285 ▲ (1.40)	전일NAV	28,377.73
상장일	2002.10.14		
총보수(%)	0.15		
펀드형태	수익증권형	과세형태	비과세
분배금 기준일	매 1, 4, 7, 10월의 마지막 영업일 및 회계기간 종료일(종료일이 영업일이 아닌 경우 종료일의 직전 영업일)		
유동성공급자(LP)	교보증권, 씨엘, 신한투자, 한국증권, 미래에셋대우, 유진증권, 메리츠, NH투자증권, KB증권, SK증권, 삼성증권, 하이증권, 키움증권, 리딩투자, BNK증권, 에스지, 케이티비, IBK증권, 유안타증권, 이베스트, 하나금융투자, 대신증권, 한화투자, DB금투		

자료: 삼성자산운용

5. 높은 투명성

일반 펀드는 운용사가 분기별로 자산운용보고서를 제공한다. 하지만 ETF는 일별 납부자산구성내역을 통해 언제 어떤 자산에 투자하는지 매일 투명하게 공개한다.

예를 들어 삼성자산운용에서 설정한 KODEX 2차전지 산업 ETF를 보자. 2차전지 기업 종목들로 자산구성내역이 표기되어 있다.

그림3 ◆ KODEX 2차전지 산업 PDF

투자종목정보(PDF)

NO	종목명	종목코드	수량	비중(%)	평가금액(원)	현재가(원)	등락(원)
1	원화예금	KRD010010001	1,543,850	-	1,543,850		
2	LG화학	051910	414	20.80	206,586,000	501,000	▲ 2,000
3	SK이노베이션	096770	1,192	16.09	159,728,000	136,000	▲ 2,000
4	삼성SDI	006400	371	13.82	137,270,000	370,000	0
5	POSCO	005490	742	13.45	133,560,000	183,000	▲ 3,000
6	에코프로	086520	3,133	10.00	99,316,100	30,650	▼ 1,050
7	포스코케미칼	003670	1,124	8.86	88,009,200	77,000	▼ 1,300
8	일진머티리얼즈	020150	733	3.91	38,849,000	52,100	▼ 900
9	엘앤에프	066970	902	2.92	28,999,300	33,000	▲ 850
10	씨아이에스	222080	2,848	1.46	14,496,320	5,090	0
11	피앤이	137400	1,066	1.32	13,111,800	12,550	▲ 250
12	후성	093370	1,477	1.25	12,362,490	8,300	▼ 70
13	삼화콘덴서	001820	187	1.04	10,285,000	54,800	▼ 200
14	코스모신소재	005070	576	0.74	7,315,200	12,500	▼ 200

기준일자 2020-06-26 · 현재가 : 2020.06.26 15:30:00 현재 (20~30분 지연 정보)

자료: 삼성자산운용

6. 유동성 강화

한국거래소에 상장된 금융투자상품을 거래할 때 상품의 유동성 수준을 살펴보는 것이 매우 중요하다. 한국거래소는 ETF의 원활한 거래를 위해 일정 수준의 유동성을 제공하는 유동성공급업자(LP) 제도를 도입했다. ETF의 LP 역할은 자산운용사가 아니라 자산운용사와 계약을 맺은 별도의 증권회사가 담당한다. 1사 이상의 LP와 유동성공급 계약을 체결하는 것은 상장을 위한 필수 요건이기 때문에, 모든 상장 ETF는 LP가 있다. 종목별 LP사는 한국거래소 홈페이지에서 확인할 수 있다.

그림4 ◆ KODEX200 상품개요

KODEX KODEX 200(A069500)
○ 상품개요

ETF 종목명	삼성 KODEX200 증권상장지수투자신탁[주식]		
기초지수명	코스피 200		
자산운용사	삼성자산운용		
순자산규모(억원)	0		
현재가(원)	28,285 ▲ (1.40)	전일NAV	28,377.73
상장일	2002.10.14		
총보수(%)	0.15		
펀드형태	수익증권형	과세형태	비과세
분배금 기준일	매 1, 4, 7, 10월의 마지막 영업일 및 회계기간 종료일(종료일이 영업일이 아닌 경우 종료일의 직전 영업일)		
유동성공급자(LP)	교보증권, 씨엘, 신한투자, 한국증권, 미래에셋대우, 유진증권, 메리츠, NH투자증권, KB증권, SK증권, 삼성증권, 하이증권, 키움증권, 리딩투자, BNK증권, 에스지, 케이티비, IBK증권, 유안타증권, 이베스트, 하나금융투자, 대신증권, 한화투자, DB금투		

자료: 삼성자산운용

LP는 매수와 매도 양방향으로 최소 100좌 증권 이상씩 호가를 제출해야 하는데, HTS 등 현재가 화면을 보면 보통 1호가당 1천 좌 증권 이상씩 양방향의 호가를 제출하고 있다. 정규 시장에 매수와 매도 양방향으로 10단계까지 호가와 가격의 호가수량(미체결 잔량)이 공표된다.

그리고 LP는 호가를 제출할 필요가 있는데, 시가와 종가를 결정하기 위한 단일가매매 호가접수시간(각각 8:30~09:00, 15:20~15:30)에는 제출하지 않아도 된다. 또한 거래가 활발해 유동성이 높은 종목들은 일반 투자자 간 호가 제시가 활발하기 때문에 간혹 LP가 호가를 제시하지 않는 경우가 있다.

한국거래소는 ETF의 시장가격과 순자산가치가 다른 방향으로 형성되지 않도록 LP가 호가를 적극적으로 제시할 것을 요구한다. 거래소는 LP로서 의무를 충실히 이행하는지, 투자자 보호를 위해 적극적으로 호가를 제시하는지 등의 활동 수준을 매 분기 평가하고, 그 평가등급을 공개하고 있다. LP 평가등급은 한국거래소 홈페이지에서 확인할 수 있다.

LP에 대한 역할은 용어정리를 통해 다음 파트에서 자세히 설명하겠다.

7. 기초자산의 다양성

ETF는 주식, 채권, 원자재, 통화, 섹터, 파생상품 등 다양한 기초

자산으로 구성되어 있다. 네이버 금융에서 국내 증시 탭을 검색,

ETF 탭을 검색하면 ETF와 관련된 종목들의 정보를 쉽게 파악할

수 있다.

그림5 ◆ ETF 구성

전체	국내 시장지수	국내 업종/테마	국내 파생	해외 주식	원자재	채권	기타		
종목명	현재가	전일비	등락률	NAV	3개월수익률	거래량	거래대금(백만)	시가총액(억)	
KODEX 200	28,285	▲ 390	+1.40%	28,378	+23.71%	12,521,865	353,216	47,024	
TIGER 200	28,280	▲ 390	+1.40%	28,378	+23.66%	3,449,663	97,351	26,102	
KODEX 레버리지	12,280	▲ 325	+2.72%	12,309	+51.32%	80,701,762	986,488	25,248	
KODEX 200선물인버스2X	5,265	▼ 140	-2.59%	5,278	-39.73%	195,111,934	1,032,285	24,093	
KODEX 단기채권	102,390	0	0.00%	102,388	+0.29%	21,941	2,246	19,883	
TIGER 단기통안채	100,580	0	0.00%	100,576	+0.22%	9,423	947	17,411	
KODEX 종합채권(AA-이상)액…	110,795	▲ 95	+0.09%	110,763	+1.50%	41,207	4,565	11,797	
KBSTAR 200	28,300	▲ 405	+1.45%	28,395	+23.99%	1,869,219	52,933	11,037	
KODEX 삼성그룹	7,195	▲ 35	+0.49%	7,215	+28.25%	238,780	1,714	10,821	
KODEX 200TR	9,050	▲ 125	+1.40%	9,077	+23.80%	75,253	679	10,589	
HANARO 200	28,330	▲ 450	+1.61%	28,393	+23.75%	625,820	17,648	10,355	
KODEX WTI원유선물(H)	6,195	▲ 185	+3.08%	N/A	-23.33%	8,024,807	49,876	10,185	
KODEX 인버스	6,110	▼ 90	-1.45%	6,125	-21.52%	34,735,542	213,058	9,800	
KODEX 코스닥150 레버리지	10,585	▲ 80	+0.76%	10,709	+102.39%	25,768,321	272,334	9,791	
KODEX 단기채권PLUS	102,560	0	0.00%	102,557	+0.43%	2,581	264	7,801	
ARIRANG 200	28,440	▲ 420	+1.50%	28,525	+23.81%	378,179	10,741	6,897	
KODEX MSCI Korea TR	9,075	▲ 90	+1.09%	9,113	+22.88%	1,021	9	6,570	
KINDEX 200	28,280	▲ 405	+1.45%	28,369	+24.17%	506,685	14,341	6,490	
TIGER MSCI Korea TR	11,435	▲ 150	+1.33%	11,446	+23.35%	528,659	6,016	6,358	
KOSEF 200	28,440	▲ 395	+1.41%	28,513	+23.67%	279,907	7,913	5,261	

자료: 네이버 금융

03

ETF 투자지표 뽀개기

주식 투자를 해본 사람이라면 PER, PBR, ROE 등 다소 복잡해 보이는 투자지표를 뉴스, 신문, 증권회사 리포트를 통해 접했을 것이다. 밸류에이션(Valuation), 즉 기업가치를 보는 데 사용하는 지표들이다. 마찬가지로 ETF도 시장가격이 적정 수준에서 형성될 수 있도록 투자판단 지표들을 활용하고 있다. 좋은 상품을 고른다는 것은 미래를 예측해 높은 투자수익을 얻을 수 있는 상품을 찾는다는 의미가 아니라, 당초 투자목표대로 기초지수를 잘 따라가고 있는 상품을 선택해 그 상품의 실제 가치와 최대한 가깝게 거래하는 것을 의미한다.

HTS, MTS에서 현재가 화면을 조회할 때 나오는 지표들의 의미가 무엇이고 어떻게 활용하는지를 살펴보도록 하겠다.

··· NAV(순자산가치) ···

순자산가치(NAV; Net Asset Value)는 ETF 자체의 자산가치로서 ETF의 이론가치를 말한다.

기업은 연말마다 1년 동안 기업활동의 결과를 정리하는 '결산' 작업을 통해 재무상태표와 손익계산서를 작성해 자산, 자본, 부채와 매출, 이익을 산출한다. 이와 같은 개념으로 ETF도 증권 시장에서 거래가 종료되면 매일 보유하고 있는 자산에 대해서 그 가치와 수량에 어떤 변화가 있고, 지급해야 할 부채가 얼마나 되는지를 계산해서 회계 처리를 해야 한다.

ETF가 가진 자산에서 갚아야 할 부채를 차감한 것을 순자산 또는 순자산총액이라고 하는데, 이 순자산을 발행된 ETF의 증권수로 나눈 값을 순자산가치라고 부른다. 이는 일반 펀드에서 말하는 기준가격에 대응하는 개념이다.

NAV=(자산-부채)/ETF 총 증권수(좌수)

NAV를 ETF의 본질가치라고 한다면, ETF에는 시장에서 형성되는 시장가격이 별도로 있다. 펀드에서 기준가격이라는 의미가 투자자의 펀드 투자 시 설정과 환매의 기준이 되는 가격이라는 측면에서 볼 때, ETF 투자자는 사실 NAV가 아니라 시장가격에 거래하는 것이다. 즉, ETF에서는 NAV와 기준가격이 다른 의미를 지니며, 기준가격은 시장에서 거래가 이루어지고 있는 현재가를 의미한다. ETF의 기준가격은 통상적으로 전일 종가가 되며 분배락이 있는 경우 분배금을 차감한 가격을 뜻한다.

NAV를 산출하는 방법을 사례를 통해 알아보자. T일 기준 A ETF의 자산·부채 현황(발행증권수 10만 주 가정)은 다음과 같다.

자산	부채
NAVER 1억 원(주당 100만 원) 카카오 5,000만 원 (주당 10만 원) 현금 5,000만 원	미지급보수 1,000만 원

자산합계: 2억 원
부채합계: 1,000만 원
순자산: 2억 원-1,000만 원=1억 9,000만 원
ETF 발행증권수: 10만 증권
1증권당 NAV=1억 9,000만 원/100,000주=1,900원

(자산)	(부채)	(발행증권수)
NAVER 1억 원 (주당 100만 원, 100주) 카카오 5,000만 원 (주당 10만 원, 500주) 현금 5,000만 원	운용사에 지급할 미지급보수 10만 증권	총발행증권수 100,000주

→ NAV=1,900원

여기에서 미지급보수는 무엇일까? ETF 자산에서 운용사에게 운용보수를 지급해야 하는데, 보통 분기별로 3개월에 해당하는 운용보수를 현금으로 지급한다. 그러나 매일 회계 처리를 할 때는 하루치의 보수를 계산해서 미지급보수라는 이름으로 부채를 인식하고 이 금액만큼 NAV에서 차감하게 된다.

따라서 T+1일 기준 A ETF의 자산·부채 현황은 다음과 같다.

자산	부채
NAVER 1억 1,000만 원 (주당 110만 원) 카카오 6,000만 원 (주당 12만 원) 현금 5,000만 원	미지급보수 2,000만 원

자산합계: 2억 2,000만 원
부채합계: 2,000만 원
순자산: 2억 2,000만 원-2,000만 원=2억 원
ETF 발행증권수: 10만 증권
1증권당 NAV=2억 원/100,000주=2,000원

(자산)	(부채)	(발행증권수)
NAVER 주가 10% 상승: 1억 1,000만 원 카카오 주가 20% 상승: 6,000만 원 현금 5,000만 원	미지급보수 1일분 추가 총 2,000만 원	전일과 동일 100,000주
→ NAV=2,000원		

A ETF는 하루가 지난 후 NAVER, 카카오의 주가가 오르면서 NAV 가치도 변했다. 전일 대비 기초자산가격 상승분 200원과 부채 증가분 100원이 발생해 NAV는 총 100원이 증가했다.

전일NAV와 금일NAV

그림6 'KOSPI200 현재가'를 살펴보자.

그림6 ◆ KOSPI200 현재가

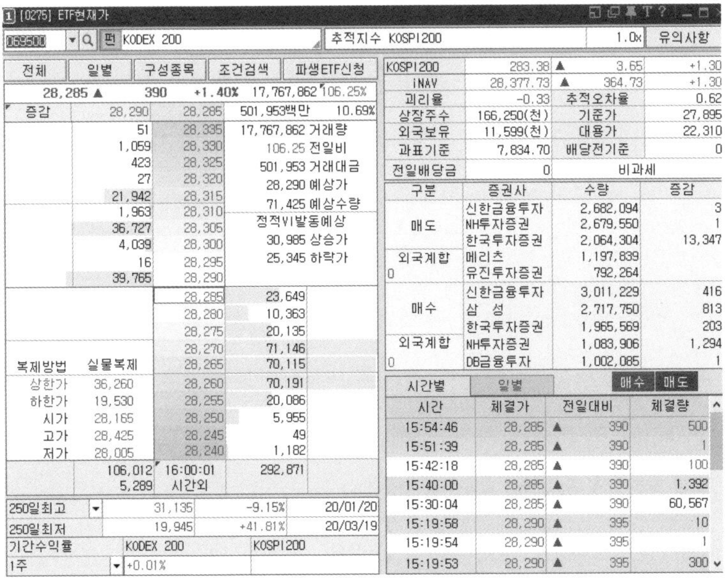

제시된 전일NAV는 28,014(28,377.73-364.73)이다. 금일 기초
자산가격이 오르면서 부채를 차감하고 코스피200 총 발행증권수
166,250,000주를 나눈 금일NAV는 28,377.73이다. NAV는 전일
대비 364.73이 올랐다.

ETF의 NAV는 보통 하루 한 저녁에 산출되고 이 지표를 다음 날
공표하기 때문에 증권회사에서는 이를 표현할 때 '전일NAV'라는
이름으로 HTS에 표시한다.

펀드와 다르게 ETF는 증권시장 거래시간 동안에 언제든지 매매가 가능하다. 일반 펀드들은 하루에 한 번 산출되는 NAV로만 펀드 가입과 환매가 가능하도록 설계되는 상품이다. 예를 들어 오전 10시 코스피지수가 2,000포인트일 때 펀드를 가입한 홍길동과 오후 2시 코스피지수 1% 상승한 2,020포인트일 때 펀드를 가입한 독고탁은 모두 동일한 기준가격에 펀드를 가입하는 것이다.

그러나 ETF는 투자자가 매매하는 시점의 가치로 ETF를 사고팔 수 있다. 오전 10시에 코스피200지수가 250포인트일 때 KOSPI200 ETF를 매수한 투자자는 오후 2시 코스피200지수가 1% 오른 252.5포인트일 때 코스피200지수를 매수한 투자자에 비해 1%의 수익을 더 올릴 수 있는 것이다.

그러나 만일 투자자가 앞서 설명한 전일NAV만을 보고 매매한다면 실시간 매매의 의미가 반감될 수 있다. 이와 관련해 NAV 외에 ETF만의 핵심 투자지표로 ETF의 가치를 실시간으로 보여주는 iNAV라는 지표가 있다.

··· iNAV(실시간 추정 순자산가치) ···

앞서 이야기했듯이 ETF는 기초지수의 성과를 그대로 따라가도록 설계된 상품이기 때문에, 투자자 간 거래결과로 결정되는 ETF의 시장가격 또한 지수의 움직임을 그대로 따라간다. 그런 의미에서 투자자가 ETF를 실제 가치에 비해 비싸게 사거나 싸게 팔게 된다면 일반 펀드보다 못한 상품이 될 수 있다.

투자자들이 적절하지 못한 가격으로 매매하는 것을 방지하고 ETF의 시장가격이 기초지수의 성과대로 움직이도록 ETF NAV가 실시간으로도 제공되는데, 이를 iNAV(Indicative Net Asset Value) 지표라고 한다. ETF는 실시간 가치를 100% 정확하게 산출하기 어렵기 때문에 '추정'이라는 표현을 사용한다.

iNAV를 투자지표로 제공하고 투자자는 이 가치를 기준으로 매수 또는 매도 호가를 제출해서 거래가 체결되기 때문에, ETF의 가격은 기초지수의 움직임을 잘 따라갈 수 있다.

그림7 ◆ KODEX 인버스 현재가

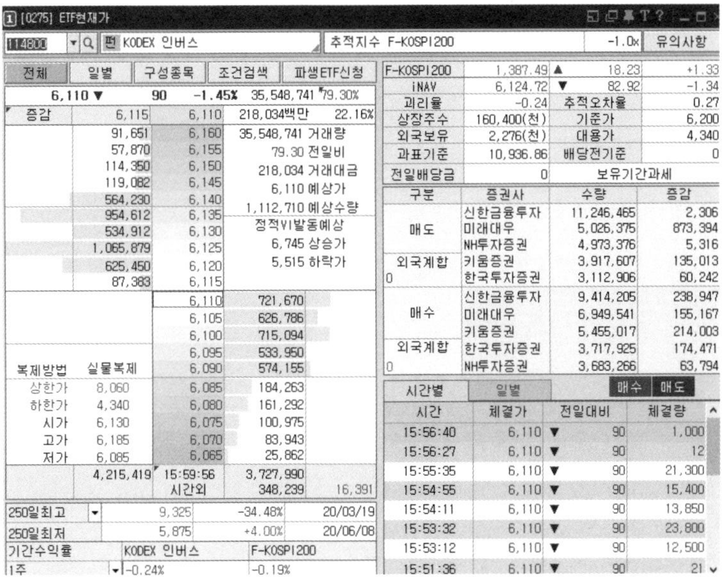

각 증권회사 HTS마다 iNAV를 표현하는 방식은 다르다. 장중·당일·현재 NAV라고도 하며 아무런 수식어구 없이 그냥 NAV라고 표시하기도 한다. 장중 해당 숫자가 계속 변하고 있다면 iNAV를 뜻하는 것이다.

iNAV는 ETF 운용사가 자산구성에 대한 정보(PDF)를 매일 최신 형태로 작성해 공지한다. iNAV 계산방식은 투자하려는 자산의 실제 가격정보를 이용해 계산하는 PDF 직접방식과 기초지수 변동률을 이용한 간접방식이 있다. 직접방식은 국내 주식형, 채권형 등 기초자산의 가격정보 이용이 용이한 국내형 ETF에 주로 이용되며, 간접방식은 가격정보의 이용이 어려운 해외자산에 투자하는 ETF에 주로 이용된다.

직접방식 iNAV 산식은 'Σ(기초자산별 실시간 가격×수량)+여유현금'이다. PDF가 정확하다면 직접방식 iNAV은 상당한 정확성을 가지지만 PDF 정보에 간혹 오류가 발생해 iNAV가 잘못 산출되는 경우가 있다.

하지만 간접방식 iNAV는 ETF가 추적오차 없이 기초지수를 100% 정확하게 따라가고 있다는 전제하에, 전일까지의 최종 NAV에 전일 대비 다음 날의 기초지수 변동률을 곱해서 산출하는 방식이다. 산식은 '전일NAV×(당일 실시간 기초지수/전일 기초지수 종가)'로 표현되며, 환노출 ETF인 경우 원화 환율도 곱한다. 대부분은 ETF에 크고 작은 추적오차가 생기기 때문에 직접방식에 비해서는 정확성이 다소 떨어진다.

앞서 ETF를 다이어트 식단과 비교해서 설명했다. 예를 들어 다이어트 A, B 제품이 동일한 식단으로 구성되어 있는데, A 제품을 한 연예인이 먹고 10kg을 감량했다고 가정하자. 다이어트 A와 B의 가격은 각각 2만 원과 1만 원으로 설정되었다. 이는 '내재가치(구성성분)'는 같지만 연예인의 후광을 업고 다이어트 A 제품 수요가 몰리면서 가격이 올라갔기 때문이다.

다시 말해 저탄수화물 식단 ETF를 추종하는 다이어트 A ETF와 다이어트 B ETF가 있는데, 두 ETF가 같은 음식군을 같은 비중으로 샀다고 가정하면 다이어트 A ETF와 다이어트 B ETF의 가치는 같을 것이다. 같은 음식군을 같은 비중만큼 샀기 때문이다. 그러나 시장에서 거래했을 때 A 제품이 더 비싸게 팔리고 있다. 보유종목 내재가치를 지불하는 게 아니라 시장에서 형성되는 수요와 공급 가격에 따라서 지불하기 때문에, 다이어트 A ETF의 괴리율이 커진 것이다. 같은 포트폴리오로 구성되어 있는데도 비싸게 거래되고 있다는 뜻이다. 이런 상황에서 다이어트 A ETF는 괴리율이 심한 ETF라고 할 수 있다.

괴리율은 ETF의 가격이 실제 자산가치보다 고평가 또는 저평가되었을 때 발생한다. 상품의 특성상 일시적으로 괴리율이 발생하지만, 그 상태가 오래 지속되지는 않는다.

그림8 ◆ KODEX200 현재가

종목 069500 ▼ Q	30 KODEX 200		주문
28,135 ▼	150	0.53%	4,231,831 23.82%

시세 | 뉴스 | 일별 | 차트

현재가	28,135	NAV	28,205.38
전일대비	▼ 150	전일대비	▼ 170.98
등락률	0.53	추적오차율	0.24
NAV 대비	-70.38	괴리율	-0.25
거래량	4,231,831	코스피 200	281.16
거래대금(백만)	118,642	전일대비	▲ 2.22
평균단가	28,035.53	선물지수	280.30
대용가	22,620	전일대비	▼ 1.35
주식수(천주)	172,000	상품구분	시장대표
시가총액(억)	48,401	레버리지	1배
순자산총액(억)	48,807	시가	27,935
구성종목수	200	고가	28,195
외국인소진율	6.74	저가	27,850

체결 | 거래원

시간	체결가	대비	체결량	거래량
11:15:28	28,135 ▼	150	50	4,231,831
11:15:26	28,135 ▼	150	3	4,231,781
11:15:22	28,135 ▼	150	4,390	4,231,778
11:15:22	28,140 ▼	145	11	4,227,388
11:15:20	28,135 ▼	150	10	4,227,377
11:15:20	28,135 ▼	150	190	4,227,367
11:15:20	28,135 ▼	150	3	4,227,177
11:15:20	28,135 ▼	150	329	4,227,174

ETF 현재가 화면을 보면 현재가와 NAV 간의 차이가 생기는 것을 볼 수 있다. KODEX200의 현재가는 28,135원인데 NAV는 28,205원으로 NAV보다 현재가가 낮게 거래되고 있다. 위와 같이 KODEX200 ETF가 현재가와 시장가격이 다르게 형성되면 가격괴리가 발생한 것이다.

가격괴리는 유동성이 높은 종목보다 낮은 종목에서 발생할 가능성이 높고, 분배금 지급시기가 도래할 경우 분배금에 과세되는 배당소득세를 회피하고자 사전에 매도하기 위해 할인될 수 있다. 또한 ETF의 추가 공급지연이나 신용위험 발생 역시 가격괴리를 일으키는 요인으로 작용한다. 각각 항목을 더 자세히 살펴보자.

- 유동성이 낮은 종목의 경우

투자자 간 호가 경쟁이 치열하지 않기 때문에 그만큼 호가 간의 간격이 넓거나 호가당 수량이 적어 한두 번의 거래 체결로도 가격이 정상 범위 내에서 벗어날 가능성이 높다.

- 분배금 이슈

배당소득세를 회피하기 위한 목적으로 분배금 지급이 결정되기 전에 매도하는 경우, 매수자 입장에서 ETF 매수 시 배당소득세를 떠안아야 하기 때문에 정상가격보다 싸게 매수하려는 심리가 작용해 정상가격보다 낮아지는 가격괴리가 발생한다.

- 공급지연 이슈

유동성공급업자(LP)가 유동성 공급활동, 즉 매도활동을 일으키기 위해 ETF 증권을 가지고 있어야 하는데, 매도할 수량이 없는 경우에는 ETF 증권의 설정(발행시장에서 ETF 증권수 증가)을 실시해야 한다. 이를 통해 LP는 증권을 다량 보유한 상태에서 매도호가를 제시하고 시장에서 가격이 비정상적으로 체결되는 것을 막기 위한 역할을 수행하는 것이다.

일반 주식거래에서도 유통주식수가 없으면 기업 내에서 액면분할 또는 유상증자를 하는데 유상증자를 하는 것과 LP가 증권의 추가 상장을 하는 것과 유사하다고 보면 된다. 따라서 필요한 시점에 ETF 추가 공급이 지연되는 경우, 시장가격은 정상 수준보다 높게 또는 낮게 형성되는 현상이 나타날 수 있는 것이다.

ETF의 시장가격이 NAV보다 높은 상태가 되면 '할증(Premium) 되었다' 하고, 반대인 경우는 '할인(Discount)되었다'고 한다. 이러한 할증과 할인의 정도를 괴리율이라고 한다. 괴리율의 산식은 다음 과 같다.

$$괴리율(\%)=(시장가격-NAV)/NAV\times100$$

시장가격(현재가)에서 실시간 NAV를 차감하고 이를 실시간 NAV 로 나눈 후 100을 곱하면 괴리율을 구할 수 있다.

괴리율이 기준을 벗어나 상당 기간 지속되거나 분기에 일정 일 자를 초과를 종목에 대해서는 한국거래소가 유동성공급업자의 교 체를 발행사에 요구하고, 이를 1개월 이내에 교체하지 않으면 투 자자 보호를 위해 해당 종목을 상장폐지할 수도 있다. 또한 한국거 래소는 투자자의 주의를 환기시키기 위해 괴리율이 일정 기간 이 상 초과하는 경우 발행회사에 이를 신고하도록 의무하고 있다.

특히 주의해야 사항이 있다. 할증되어 거래되는 것이 그 종목의 전망이 좋아 시장가격이 올라갈 확률이 높다는 것을 의미한다거나 반대로 할인되어 거래되는 종목은 향후 전망이 나빠서 시장가격이 내려갈 확률이 높다는 것을 의미하지 않는다. 즉, 전망과 ETF 괴 리율 간의 상관관계는 전혀 없음을 명심하자.

괴리율이 발생하는 경우

괴리율이 발생할 수 있는 경우는 3가지가 있다.

첫 번째, 국내에서는 '15:20~15:30'까지의 장 막판 동시호가 시간에는 LP가 유동성을 공급해야 하는 의무가 없다. 즉, LP가 활동하지 않기 때문에 시장가로 주문을 넣을 경우 간혹 ETF의 기준가격과 시장가격 간 차이가 크게 날 수 있다.

두 번째, ETF가 최종적으로 거래된 시간이 장 종료시점보다 이를 경우 ETF의 기준가격은 기초자산의 변동을 반영해 결정되는 반면, ETF의 시장가격은 기초자산의 변동이 반영되지 않기 때문에 표면상 괴리가 발생한다.

마지막으로 ETF가 투자하는 기초자산의 거래빈도가 매우 낮거나, 해외 주식처럼 국내 거래소와 거래시간이 다른 거래소에 상장된 종목에 투자하는 ETF의 경우도 괴리가 발생한다.

이 외에도 간혹 거래량이 아주 많은 ETF들도 투자자들의 심리적인 영향으로 기준가격보다 시장가격이 상당히 높거나 낮게 거래되기도 하므로 주의해야 한다.

괴리율이 해소되는 과정

이렇게 할증 혹은 할인된 가격으로 시장이 마감되었다면 그다음 날 어떠한 변화가 생길까? 대개 시장 개시 초반 빠른 시간 안에 기준가격과 시장가격 간 차이가 해소되는 것이 일반적이다. 표를 통해 괴리율이 해소되는 과정을 확인해보자.

표6 ◆ 지수·ETF 간 괴리율

	ETF						지수	
	TIGER 200ETF 시장가격 종가 (A)	전일대비 ETF 시장가격 변동율	TIGER 200ETF 기준가격 종가 (B)	전일대비 ETF시가 기준가격 변동율	기준가격 대상시장 가격 차이 (C=B-A)	TIGER 200ETF 괴리율 (C/B)	지수 종가	지수 변화율
	10,000원	-	10,000원	-	-	-	100.00	-
1일차	10,200원	2.00%	10,300원	3.00%	100원	-0.97%	103.00	3.00%
2일차	10,400원	1.96%	10,400원	0.97%	0원	0.00%	104.03	1.00%

자료: 미래에셋자산운용

이렇게 할증·할인된 부분들은 일시적인 경우가 많고, 종가에 괴리가 발생했어도 다음 날 다시 정상 수준으로 돌아온다. 그렇기 때문에 비정상적 가격에 매매해 손해 볼 확률을 높이는 것보다는 가급적 가격이 정상으로 복귀한 이후에 투자하는 것이 바람직하다.

··· 추적오차 ···

다시 다이어트 이야기를 예로 들어보자. 소비자는 다이어트 A 제품을 섭취하고 있다. 기업이 다이어트 식단을 맞추어준다고 해서 믿고 A 제품을 구매한 것이다. 그런데 받고 보니 구성식단에서 김치찌개와 깍두기만 주었다.

이를 투자와 연결시키면 추적오차가 심한 식단군이라고 표현할

표7 ◆ ETF 투자지표

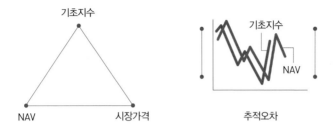

수 있다. 총칼로리도 차이가 나고 구성성분도 제대로 지키지 않은 ETF가 되는 것이다. 즉, 추적오차가 크다는 의미는 코스피200에 투자하는 ETF를 매수했는데 정해진 리스트와 비중을 지켜서 주식을 사고 있지 않은 ETF라고 할 수 있다.

ETF는 기초지수의 움직임을 그대로 따라가기 때문에 기초지수의 움직임을 살펴보면서 ETF가 기초지수를 잘 따라가고 있는지 확인해야 한다. 투자기간 동안 기초지수가 5% 상승했다면, ETF의 NAV도 5%가 올라가고 시장가격도 5%가 올라야 한다. 여기서 NAV가 기초지수의 움직임을 얼마나 잘 쫓아가고 있는지 보여주는 지표가 추적오차(Tracking Error)다.

그러나 기초지수와 NAV가 완전히 동일하게 움직일 수는 없다. 운용보수와 같은 비용이 있기 때문에 이를 고려했을 때 5%보다 더 낮게 상승할 수 있는 것이다.

추적오차율은 최근 1년간 일별 NAV와 기초지수 수익률 차이의 표준편차값으로 연 환산한 것이다. 다시 말해 기초지수의 성과를 추적하는 데 오차가 얼마나 있느냐를 보여주는 지표다.

오차 없이 정확히 추적하는 ETF가 좋은 ETF다. 하지만 복제방법, 복제수준, 운용보수, 지수이용료 등 각종 비용, ETF가 보유 중인 기초자산 변경과 그에 따른 거래비용, 기초자산에서 발생하는 배당금이나 이자 등이 추적오차를 발생시킨다. 앞에서 설명했던 가격괴리는 ETF 거래과정에서 발생하는 문제지만, 추적오차는 자산운용의 결과로 나타나는 현상이기 때문에 추적오차의 발생 여부와 수준은 자산운용사 ETF 운용능력과 직결된다. 즉, ETF 운용을 잘했는지 잘못했는지를 따지기 위해 추적오차가 필요하다.

추적오차는 반드시 기초지수의 정보가 있어야 한다. 한국거래소 홈페이지, 자산운용사 홈페이지, 증권사 HTS에서 실시간 기초지수나 일자별 기초지수 정보를 확인할 수 있다.

추적오차는 투자자의 수익률에 직접 영향을 미치는 중요한 지표다. 똑같은 기초지수를 이용하는 ETF 중 한 종목을 선택한다면 대부분의 투자자는 우선순위로 유동성이 높은 종목을 선택하는 경향이 있으며, 운용보수가 비교적 낮은 ETF를 선택할 가능성이 높다. 하지만 투자자들에게 직접적이고 포괄적으로 영향을 미치는 것은 추적오차라고 할 수 있다. NAV에서 운용보수는 매일 NAV와 ETF 시장가격에 이미 반영되어 있기 때문에 운용보수가 반영된 결과물인 NAV 또는 시장가격이 기초지수를 잘 따라가고 있느냐를 비교하는 것이 합리적인 의사결정을 하는 기준이 될 수 있다.

추적오차를 본다는 것은 각종 비용까지 포괄해 본다는 의미다.

추적오차에 대한 투자자의 관심이 높을수록, ETF 운용사는 단순히 낮은 보수만을 내세워 ETF를 내놓기보다는 어떻게 자산운용을 잘할 수 있을지 더욱 고민할 것이다.

결론적으로 추적오차율은 시장가격과 NAV의 차이를 나타내기에 ETF 추적오차율이 낮을수록 집합투자업자의 운용능력이 뛰어나고 우수한 ETF라고 할 수 있다.

04

ETF 분배금과 세금 뽀개기

··· 매매차익과 세금 ···

ETF 투자 시 얻을 수 있는 수익은 크게 2가지다. 첫 번째는 거래소 시장에서 매매 거래를 통해 실현한 이익, 즉 유통시장에서의 매매차익과 주식의 배당금과 같은 개념인 분배금이 있다. 이 2가지의 투자수익에는 세금이 부과된다.

ETF는 형태가 투자회사 주권인 경우와 투자신탁 수익증권인 경우 세금 부과방식이 다르다. 투자회사는 증권거래세 0.25%가 부과되고 투자신탁은 증권거래세가 없다. 현재 한국거래소에 상장된

78

모든 ETF는 수익증권의 형태이지만, 향후 투자회사형 ETF가 상장된다면 증권거래세가 부과될 것이다.

배당소득세일 경우에는 투자신탁 수익증권 형태에 세금이 부과된다. ETF 매매차익에 15.4%를 부과한다. 배당소득세 방식은 ETF 보유기간에 따라 세금이 달라지기 때문에 '보유기간과세'라고 부른다. 현재 한국거래소에 상장되어 있는 ETF는 모두 투자신탁형 ETF이기 때문에 한국거래소에서 ETF에 투자하는 투자자는 모두 배당소득세 부과대상이다.

다만 국내 주식만을 기초로 하는 ETF 경우에는 국내 주식과의 과세 형평성을 고려해 배당소득세를 면제받고 있다. 국내 시장대표 ETF, 섹터 ETF 등 배당소득세가 면제되는 국내 주식형 ETF이며, 해외 주식 및 채권, 원자재, 국내 채권, 레버리지, 인버스 ETF 등은 배당소득세 과세대상이다.

한 가지 주의할 점은 국내 주식형 ETF를 장내(거래소)를 통해 매도하는 경우에만 매매차익에 대한 배당소득세가 면제된다는 것이다. 환매 또는 만기인 경우 장내 매도가 아니기 때문에 배당소득세 과세대상이 된다. 결과적으로 투자자가 비과세 혜택을 받기 위해서는 만기 이전에 장내에서 매도해야 한다.

한편 레버리지, 인버스, 주가지수 선물옵션과 같은 장내 파생상품 ETF의 경우 배당소득세가 과세되지만, ETF의 과표기준가격을 산출할 때 상장주식 또는 장내 파생상품에서 발생한 손익은 포함하지 않는다. 결과적으로 장내 파생상품에 투자하는 ETF는 과세대상이지만 실제로는 과표기준가격 상승이 미미해 세금이 크게 발생하지 않는다.

다만 레버리지 ETF와 같은 장내 파생상품 관련 ETF의 과표기준가격이 크게 상승하는 시점이 있는데, 매년 말 상장주식의 배당락으로 ETF에 예상배당금이 반영되는 시점이다. 배당금은 과세대상이기 때문에 이 시점에 레버리지 ETF를 투자하는 경우 매도 시 세금이 발생할 수 있다.

반면 해외지수 또는 원자재를 투자대상으로 하는 ETF에서 발생하는 매매차익에 한해 과세대상 소득이다. 매매차익과 관련해서 정리하면 국내 주식형 ETF(KODEX200, TIGER200, KBSTAR200 등)는 주식 세법에 따라 비과세가 되고, 국내 기타 ETF(KODEX 레버리지, KODEX 인버스, KODEX 국고채, TIGER 원유선물 등)는 매매차익에 대한 배당소득세 15.4%를 과세한다. 해외상장 ETF인 경우 250만 원을 기본공제한 매매차익에 22% 양도소득세를 내야 한다.

표8 ◆ ETF 종류에 따른 세금 부과

종류	매매차익	분배금	금융소득 종합과세
국내 주식형 ETF	비과세	배당소득세(15.4%)	비과세
국내 기타 ETF	배당소득세(15.4%)	배당소득세(15.4%)	과세대상(금융소득 2천만 원 이상일 경우 해당)
해외상장 ETF	양도소득세(22%), 250만 원 기본공제	배당소득세(15.4%)	분리과세

··· 분배금과 세금 ···

ETF의 분배금은 주식의 배당금과 유사한 개념이다. 매년 증권 시장의 마지막 거래일 2일 전까지 상장기업의 주식을 보유하는 투자자에게는 다음 해에 해당 기업으로부터 배당금을 받을 수 있는 권리가 부여된다. ETF가 기초자산으로 해당 기업 주식을 보유하고 있는 경우 ETF 투자자는 그 기업에 직접 투자한 투자자와 마찬가지로 배당금을 받을 권리를 갖고 있다.

이해하기 쉽게 풀이하면 기업의 주식과 투자자 사이에 ETF라는 중개인이 있다는 차이가 있을 뿐이다. 실제로 다음 해 3~4월에 걸쳐 여러 주식에서 발생하는 배당금이 순차적으로 ETF 내 입금되고, 자산운용사는 이러한 현금을 4월 말까지 ETF 내 현금으로 쌓아둔다. ETF에 쌓인 일정 수준의 현금을 ETF 투자자에게 돌려주는 것이 분배금이다.

표9 ◆ ETF의 이익 프로세스

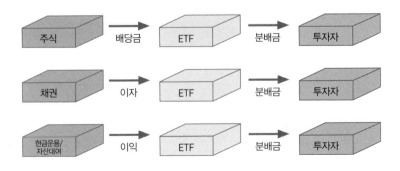

주식의 배당금뿐만 아니라 채권의 이자, ETF가 보유하고 있는 현금의 운용수익 또는 기초자산의 대여를 통한 이익 등은 모두 ETF 내에 현금을 쌓이게 하는, 즉 분배금을 발생시키는 요인이다.

국내 기타 ETF의 매매차익과 분배금, 해외상장 ETF에서 발생하는 분배금에 대해서는 금융소득 종합과세가 될 수 있다. 금융소득 종합과세는 이자소득, 배당소득 등 금융소득 합계가 연간 2천만 원이 넘는 경우 근로소득 등 다른 소득과 합산해 높은 세율(최고 41.8%)로 과세가 될 수 있다. 다만 해외상장 ETF는 배당소득세가 아닌 양도소득세 22%가 부과되기 때문에 이는 금융소득 종합과세 대상에는 포함이 안 된다(표8 참고).

해외 ETF 양도소득세

해외 ETF 양도소득세 관련 예시를 들어보겠다(표10).

A는 실현손익 750만 원에서 기본공제 250만 원을 제하고 세율 22% 곱하면 매매차익에 대한 양도소득세는 110만 원이 나온다. B는 실현손익 1,250만 원에서 기본공제 250만 원을 제하고 세율 22%를 곱하면 매매차익에 대한 양도소득세는 220만 원이다.

해외 ETF는 국내와 달리 손익통산(손실과 이익을 합)해서 과세한다. 투자자는 매년 5월에 양도소득세를 자진신고 해야 한다. 몇몇 증권사는 주식 양도소득세 대행신고 서비스를 제공해주니 참고하자. 양도소득세 미신고 시 가산세가 붙을 수 있으니 주의해야 한다.

표10 ◆ ETF 양도거래세

구분	1년 총 실현손익	기본공제(연 250만 원)	세율	매매차익 세금
A	+750만 원	-250만 원	22%	110만 원
B	+1,500만 원 -250만 원	-250만 원	22%	220만 원

표11 ◆ ETF 세금체계

구분	국내 주식형 ETF	국내 주식형 이외의 ETF
매매차익 (장내 매도 시)	비과세	배당소득세 과세 Min(매매차익, 과표증분)×15.4%
분배금	배당소득세 과세 현금 분배금×15.4%	배당소득세 과세 Min(매매차익, 과표증분)×15.4%

*국내 주식형 ETF 투자신탁 수익증권의 경우를 말함
*ETF의 환매, ETF 만기 또는 중도상환의 경우는 배당소득세 과세대상임

··· 분배금 지급 및 분배락 ···

ETF를 구성하는 주식에서 발생한 배당 등 수익에서 신탁보수 등을 공제한 금액을 월간 또는 분기별로 투자자에게 지급하는 것이 분배금이다. 일반적으로 결제주기는 거래성립일로부터 2일째 되는 날(T+2일)로 계산한다.

ETF는 분배금을 받을 권리가 있는 투자자를 가리기 위해 기준이 되는 날, 즉 분배금 지급기준일을 사전에 정한다. 일반적으로 주식형 ETF의 경우 매년 1월, 4월, 7월, 10월, 12월의 마지막 거래

일을 분배금 지급기준일로 하고 있다. 이 외의 ETF는 대부분 12월 마지막 거래일을 기준일로 하고 있다.

기준일이 복수로 설정되어 있다고 해서 기준일마다 항상 분배금을 지급한다는 뜻이 아니다. 각각의 기준일 즈음에 배당이익이나 이자소득이 있는 경우 분배금을 지급할 수 있다는 의미다. 주식형 ETF는 기초자산인 상장기업의 결산시기가 다르기 때문에 분배금 지급기준일을 복수로 설정하는 것이다. 상장기업 중에는 12월 결산법인이 가장 많아 분배금 지급 결정도 3월 또는 4월에 가장 많이 발생한다. 종목별 분배금 지급은 한국거래소 홈페이지에서 확인할 수 있다.

한편 모든 ETF가 분배금을 지급하는 것은 아니다. 분배금을 지급하지 않고 재투자해서 수익에 반영되도록 설계된 상품도 있다. 이러한 상품은 재투자 원칙을 기초지수에 반영하고 있으며, 결과적으로 NAV에 반영하고 있다가 상품을 매도하는 순간 분배금만큼 추가해서 이익이 실현되는 것으로 볼 수 있다. 이러한 지수를 총수익지수 TRI(Total Return Index)라고 부른다.

ETF 분배금 지급기준일

사례를 통해 분배금 지급기준일을 살펴보자.

사례5 ◆ KODEX200 분배금 지급기준일

종목명	KODEX200
회계기간	매년 1월 1일부터 12월 31일까지
분배금 지급기준일	매 1월, 4월, 7월, 10월 마지막 영업일 및 회계기간 종료일 (종료일이 영업일이 아닌 경우 종료일 직전 영업일)

ETF는 펀드로서 만기가 없이 펀드의 결산을 위한 운용기간, 즉 회계기간이 있다. 회계기간은 매 1년 이내에서 자산운용사 자율적으로 정한다.

증권 시장 결제가 거래체결일로부터 2영업일 뒤에 이루어지는 점을 감안하면(T+2 결제) 분배금 지급기준일로부터 2거래일 전까지 ETF를 보유 또는 매수한 투자자가 분배금을 받을 권리를 갖게 된다. 이날의 다음 거래일에는 분배금을 받을 권리가 상실되었다는 뜻인 분배락이 이루어진다.

분배금이 없는 경우에도 권리가 상실되는 것은 마찬가지이기 때문에 분배락이 발생한다.

12월 결산법인 기준(지표가치 반영방식)

사례6 ◆ ETF 분배금 프로세스

구분	예상배당금 반영일	분배금 지급공시일	분배락일	분배금 지급기준일	분배금 지급일
지표가치 반영방식	2019년 12월 29일	2020년 4월 28일	2020년 4월 29일 (기준가격 조정)	2020년 4월 30일	2020년 5월 13일

*분배금 지급일은 약관에서 정함

    지표가치 반영방식은 12월 결산법인들의 배당락일에 이듬해 각 기업의 주주총회를 거쳐 결정될 주식의 배당금이 예상치로 선반영되기 때문에 해당 ETF 투자자는 언제 매도를 하더라도 분배금을 미리 받는 효과가 있다. 그러나 예상치를 반영하기 때문에 예상치가 실제치보다 낮으면 분배금 지급기준일 이전에 매도한 투자자는 실제로 받아야 할 분배금보다 적은 금액을 받는 결과가 나타날 수도 있다.

    반면 지표가치 미반영방식은 실제 배당금이 확정된 금액을 지급하기 때문에 정확한 금액으로 분배금을 받을 수 있다.

    시장에서 특별한 이슈가 없다면 시장가격은 분배금만큼 하락하는 분배락이 발생한다. 간혹 전일 가격 대비 낮아져서 당황하는 투자자들이 있는데, 이는 분배금 지급으로 기준가격이 조정되었기 때문이다. 분배락과 기준가격 조정을 이유로 투자자가 받은 분배금만큼 ETF 시장가격이 하락하는 것이므로, 분배금 지급은 보너

표12 ◆ ETF 과세 프로세스

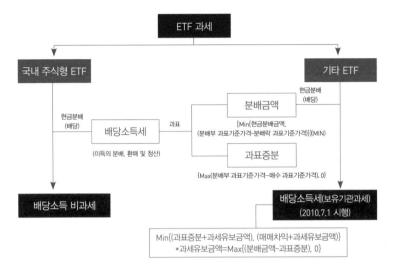

자료: 한국거래소

스와는 개념이 다르다. 분배금이 증권계좌로 실제 입금되는 시점은 분배금 지급기준일로부터 7~10영업일 이내다.

앞서 세금 관련해서 이야기했듯이, ETF의 분배금은 배당소득세 15.4%가 과세된다. 다시 말해 분배금으로 천 원을 받는다면 154원을 원천징수하고 846원만 투자자에게 지급된다. 해외 주식, 원자재 등 국내 주식형 이외의 종목에서 받는 분배금은 보유기간 동안의 과표증분과 비교분을 비교해 적은 금액의 15.4%를 배당소득세로 과세한다.

여기서 과표증분이란 분배 시 과세표준 기준가격에서 매수 시 과세표준 기준가격을 뺀 금액을 말한다. 이때도 과세표준 기준가

격은 국내 상장주식 또는 주식 관련 장내 파생상품에서 발생한 손
익은 제외해서 산정된다.

··· ETF의 예상배당금과 분배락 효과 ···

ETF는 배당락일에 배당에 대한 권리가 발생하면 이를 예상배당금
이라는 이름으로 NAV에 반영한다. ETF의 NAV는 평소에는 기초
지수와 유사하게 움직이지만 배당락일에는 기초자산인 주식은 배
당락의 영향으로 주가가 하락하기 때문에 기초지수도 하락하는 반
면, NAV는 예상배당금만큼 증가하기 때문에 두 지표가 다르게 움
직인다. 그리고 예상 배당금만큼 상승한 NAV는 이후 ETF의 분배
락일에 분배금만큼 다시 하락하면서 기초지수의 움직임과 거의 같
아진다.

국내 주식형 ETF는 12월 결산법인의 배당이 집중되는 12월 말
배당락일부터 이듬해 4월 말 분배금 지급이 결정되는 시점까지 이
러한 현상이 두드러지게 나타난다.

표13 ◆ ETF의 배당락과 분배락

예상배당금 효과(12월 말 주식 배당락)

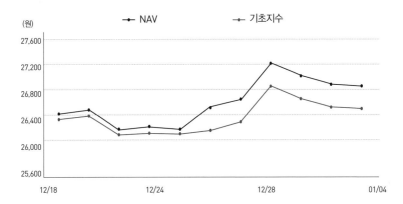

분배락 효과(다음 해 4월 말 ETF 분배락)

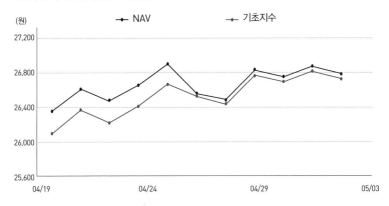

자료: 한국거래소

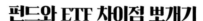

05

펀드와 ETF 차이점 뽀개기

우리가 흔히 하는 펀드는 대부분 액티브펀드다. 액티브펀드(Active Fund)는 펀드매니저가 미리 설정해놓은 벤치마크를 추적하되 적극적(active)으로 종목을 발굴해서 전략적 자산배분을 통해 초과수익을 얻는다. 반면 ETF는 상장지수펀드로, 기초자산이 되는 지수, 상품, 섹터 등을 완벽히 복제하는 것이 목표다. 즉, 지수 움직임 그대로 수익이 창출되도록 하는 것이 기본구조다.

ETF는 자동으로 지수를 추종하는 것이어서 인덱스펀드(Index Fund)와 매우 비슷하다. 다만 다른 점이 있다면 펀드는 펀드매니저가 해당 상품 안에서 각 회사의 비중을 조금씩 조정할 수 있고, 상장되어 있지 않고, 증권사나 은행과 같은 펀드 판매회사를 통해서 투자할 수 있다. 하지만 ETF는 대부분의 거래가 자동으로 이루어져 펀드매니저가 관여할 부분이 거의 없으며, 거래소에서 상장되며 주식처럼 거래되는 특징이 있다. 다만 최근에는 매매전략이 들어간 전략적 ETF인 '스마트베타 ETF'도 늘어나서 액티브 투자와 패시브 투자에서 모두 펀드 투자의 상위 호환으로 대체되고 있다.

펀드와 ETF의 차이점

펀드는 여러 개별주식이 포함된 집합투자업자(자산운용사)에서 만들고 펀드매니저가 관리하며, 가입자는 수수료를 주고 간접적으로 주식에 투자하는 방식이다. 가격은 매일 변하고 오늘의 지수 종가가 보통 내일의 펀드가격(기준가격)이 된다. ETF는 펀드를 쪼개서 주식처럼 1주씩 거래할 수 있게 거래를 편리하게 만들어놓은 것이다.

ETF는 환매수수료가 없다. 일반 펀드는 일정 기간 이내에 환매 시 통산 환매수수료가 부과되지만, ETF는 환매수수료 없이 자유롭게 매매할 수 있다. 또한 일반 펀드는 시장변화나 환매에 대응하기 위한 잦은 매매로 높은 매매비용이 발생하지만, ETF는 포트폴리오 변경횟수가 적어 펀드보다 보수나 비용이 저렴하다.

ETF는 주식과 같은 매매형 상품이기 때문에 본질은 펀드이지만 일반 펀드에서 사용하는 가입, 환매, 기준가격과 같은 용어보다는 매수, 매도, 현재가라는 주식 시장의 용어가 더 많이 사용된다.

ETF와 펀드는 투명성 측면에서도 차이가 있다. 일반 펀드는 자산운용사에서 분기별로 자산운용보고서를 제공하는 대신 실시간으로 확인할 수 없지만, ETF는 HTS와 홈페이지 등에서 포트폴리오 구성내역을 실시간으로 확인할 수 있다. 또한 일별 납부자산 구성내역(PDF)을 통해 환매 ETF의 설정과 해지 현황을 어떤 자산에

표14 ◆ 금융상품의 비교

구분	ETF	주식	인덱스펀드	액티브펀드	지수선물
운용목표	특정 인덱스	인덱스 초과수익	특정 인덱스	인덱스 초과수익	헤지 및 차익
법적성격	집합투자증권	지분증권	집합투자증권	집합투자증권	파생상품
투명성	높음	높음	보통	보통	높음
유동성	높음	높음	낮음	낮음	높음
결제일	T+2	T+2	T+3	T+3	T+1
증권대차	가능	가능	불가	불가	불가
레버리지기능 (증거금 매입)	가능	가능	불가	불가	가능
거래비용	위탁수수료 운용보수 (약 0.5%)	위탁수수료	운용보수 (1~2%)	운용보수 (2~3%)	위탁수수료
전 증권사 거래	가능	가능	판매사 한정	판매사 한정	가능
시장위험	시장위험	시장·개별위험	시장위험	시장·개별위험	시장위험
분산투자	가능	불가	가능	가능	가능
증권거래세	면제	매도 시	적용배제	적용배제	면제

자료: 한국거래소

투자하는지가 매일 공개된다.

마지막으로 환금성 측면에서도 차이가 있다. 하루 한 번 발표되는 기준가격으로만 가입과 환매가 가능한 일반 펀드와 달리 ETF는 주식처럼 매 순간 가격이 변화해 실시간으로 매매가 가능하기 때문에 시장상황에 즉각적으로 대응할 수도 있다. 즉, 장중 환매시점을 투자자가 마음대로 정할 수 있다는 장점이 있다.

사례로 보는 펀드와 ETF

다음은 펀드의 예시를 보자. 미래에셋자산운용, 메리츠자산운용에서 운용하는 액티브펀드 자료다. 펀드의 유형, 비용, 규모, 기준가 등 펀드의 기본 내용을 볼 수 있다.

그림9 ◆ 펀드 예시

자료: 펀드슈퍼마켓

상위 4개의 펀드는 중국기업을 대상으로 운용하며, 기초지수 대비 초과성과를 추구하고자 하기 때문에 시장위험과 개별위험을 둘 다 가지고 있어 높은 위험을 보인다. 펀드평가사인 제로인에서 해당 펀드의 평가를 하고 있으며, 과거 3년간 수익률을 볼 수 있다.

펀드는 해당 종목 구성을 매일 확인하기 어렵고, 보통은 분기마다 자산운용사의 운용보고서를 통해 구성하는 종목 확인이 가능하다. 'P'가 붙은 것은 개인연금으로 펀드가 운용되고 있는 것이다.

그림10은 ETF 자료다. 미래에셋자산운용이 운용하는 지수 및 섹터에 대해 운용현황을 볼 수 있다. ETF 종목명은 앞에 브랜드 용어가 붙어 있다. TIGER는 미래에셋자산운용을 말한다.

그림10 ◆ ETF 예시

펀드와 마찬가지로 기준가를 가지고 있다. 상위 ETF 자료는 중국지수의 2배를 추종하는 ETF, 미디어콘텐츠·K게임·화장품 등 테마, 섹터에 투자하는 ETF를 보여준다. 해당 섹터 내에 있는 기업의 주가가 오르면 ETF의 주가도 오른다.

펀드와 달리 ETF는 해당 종목 구성을 매일 확인할 수 있고, 어떤 종목이 편·출입 되었는지 파악하기 쉽기 때문에 투명성이 제고된다.

06

ETF 종류 뽀개기

ETF에는 종목명에 일정한 규칙이 있다. 중요한 상품의 정보가 종목명에 포함되도록 하고 있기 때문에 종목명을 이해하면 그 상품의 특징을 파악할 수 있다.

표15 ◆ ETF 종목명 풀이

KODEX	미국S&P바이오	(합성)	(H)
① ETF 브랜드	② 상품명 (선물, 인버스, 레버리지 등)	③ 합성 ETF 여부	④ 환헤지 여부

① 자산운용사별로 고유의 ETF 브랜드를 가지고 있다. 여기에서는 삼성자산운용(KODEX)를 일컫는다.

② 상품의 투자대상, 투자전략과 목표를 알 수 있는 핵심적인 부분이다. 기초지수가 선물을 이용하는 경우 '선물'을 표기하며, 레버리지(2배), 인버스(-1배), 인버스2×(-2배)로 표기한다.

③ 합성복제 ETF는 자산운용, 투자위험 등의 특징이 실물복제 ETF와 다르므로 '합성'을 표시한다. ETF는 기초지수를 복제하는 방법에 따라 실물복제(Physical replication)와 합성복제(Synthetic replication)로 나누어진다. 실물복제는 지수를 구성하는 종목들을 실제로 편입하는 방법인 반면, 합성복제는 수익률 스왑(Swap)이라는 장외 파생상품을 적극적으로 활용한다. 합성복제방식으로 운용되는 ETF를 바로 합성 ETF라고 줄여 부른다. 국내에는 2013년에 처음 도입되었다.

④ 환헤지형은 환노출형과 구분하기 위해 (H)를 표시한다.

시장대표 ETF

시장을 대표하는 지수를 추종한다. 지수 관련 ETF 중 위험성(변동성)이 가장 낮은 ETF다. 현재 시장대표 ETF는 60개 종목으로 구성되어 있다. 국내 시장지수 ETF는 보통 코스피200을 추종하는 종목이다.

지수 ETF		
KODEX 200	KODEX 코스닥 150 레버리지	KOSEF 200
TIGER 200	ARIRANG 200	KODEX 코스닥 150
KBSTAR 200	KODEX MSCI Korea TR	KODEX 코스피
HANARO 200	KINDEX 200	KOSEF 200TR
KODEX 200TR	TIGER MSCI Korea TR	TIGER 코스닥 150
SMART 200TR	KBSTSAR 코스닥 150	KODEX KRX300
KBSTAR 코스피	HANARO 200TR	ARIRANG 코스피TR
HANARO MSCI Korea TR	TIGER 코스닥150 레버리지	KODEX MSCI Korea
KINDEX 200TR	ARIRANG 코스피50	SMART KRX300
KBSTAR 코스닥150선물 레버리지	TIGER 코스피	KBSTAR KRX300
ARIRANG 코스피	TIGER 200TR	KINDEX 코스닥150
HANARO 코스닥150	파워 200	FOCUS KRX300
KOSEF 코스닥150	KINDEX 코스피	ARIRANG KRX300
HANARO 200선물레버리지	HANARO KRX300	KODEX KTOP30
TIGER KRX300	TREX 200	KOSEF 200 선물
KODEX 코스피100	KOSEF KRX100	KINDEX 코스닥(합성)
파워 코스피100	KOSEF 코스피100	ARIRANG 200동일가중
KTOP 코스피50	ARIRANG 코스닥 150	TIGER 200동일가중
TIGER KTOP30	KODEX 200동일가중	KOSEF 코스닥150선물
마이티 코스피100	KBSTSAR 코스닥 150 선물인버스	KODEX 200 중소형

국내 업종·섹터 ETF

국내 업종·섹터 ETF는 165개 종목으로 구성되어 있다. 특정업종에 소속된 기업에 분산투자를 해서 개별종목 투자에 따른 위험을 회피하면서 시장 평균 수익 이상을 추구한다. 동일산업에 소속된 기업들의 주가는 업계 현황, 계절적 수요 등 같은 방향으로 움직이는 경향이 있다.

첫 번째, 섹터지수 ETF의 가격변동성은 주식보다는 낮으나 여타 다른 ETF보다는 높은 편이다.

두 번째로 스타일 성격이 포함되는 ETF도 구성되어 있다. 스타일 ETF는 기업 특성과 성과 형태가 유사한 주식 집단으로 구성된 지수를 추종한다. 기업의 시가총액에 따라 대형주, 중형, 소형주로 구분된 ETF, 가치주와 성장주로 구성된 ETF, 고배당 ETF, 저변동성·고변동성 ETF 등 다양한 투자전략 스타일로 되어있다.

마지막으로 테마 ETF도 포함된다. 태양광, AI, 2차전지 등 주식 시장에 영향을 미치는 사건이 생기면, 투자자 관심이 해당 테마에 집중되어 관련 종목 가격이 동조된다. 이러한 투자자의 다양한 요구에 맞추어 시장의 테마를 형성하는 종목으로 구성된 ETF다. 2020년 투자자에게 가장 인기몰이를 하고 있는 ETF가 바로 2차전지 ETF다.

국내 업종·섹터 ETF		
KODEX 삼성그룹	TIGER 헬스케어	KODEX 배당가치
TIGER TOP10	TIGER 중국소비테마	KODEX Fn성장
KODEX Top5PlusTR	TIGER 경기방어	KODEX 2차전지산업
TIGER 200IT	KBSTAR 대형고배당10TR	KODEX 은행
ARIRANG 고배당주	TIGER 2차전지테마	TIGER 부동산인프라고배당
KBSTAR KQ고배당	KODEX 미디어&엔터테인먼트	ARIRANG KS모멘텀가중TR
KBSTAR 200IT	KINDEX 삼성그룹섹터가중	TIGER 반도체
TIGER 소프트웨어	KODEX 증권	KODEX IT
KODEX 코스피대형주	KODEX 반도체	TIGER 200IT레버리지
KOSEF Fn중소형	KODEX 고배당	KODEX 200가치저변동
ARIRANG KS퀄리티가중TR	TIGER 200 헬스케어	KODEX 자동차
TIGER 코스피중형주	KODEX 배당성장	ARIRANG 고배당저변동50
KODEX 필수소비재	KODEX MSCI KOREA ESG 유니버설	TIGER 로우볼
KODEX 200exTOP	ARIRANG KS밸류가중TR	TIGER 가격조정
ARIRANG KS로우볼가중TR	TIGER 200금융	TIGER 우량가치
KODEX 건설	KODEX 최소변동성	TIGER 200커뮤니케이션서비스
KODEX 바이오	TIGER 모멘텀	TIGER 코스피고배당
TIGER 코스피대형주	KBSTAR 중소형고배당	KINDEX 미국WideMoat 가치주
ARIRANG 코스피대형주	HANARO 고배당	HANARO e커머스
KODEX Fn멀티팩터	FOCUS ESG리더스	KODEX 모멘텀Plus

ARIRANG KS로우사이즈가중 TR	TIGER 배당성장	TIGER 200 에너지화학
TIGER 코스닥150IT	KODEX 헬스케어	TIGER 200중공업
KBSTAR 모멘텀로우볼	KBSTAR 5대그룹주	TIGER 화장품
KINDEX 스마트모멘텀	KOSEF 블루칩	KODEX 게임산업
TIGER 200커버드콜ATM	KBSTAR 고배당	ARIRANG 중형주저변동50
TIGER 코스닥150바이오테크	KODEX 턴어라운드투자	KODEX 철강
ARIRANG 주도업종	TIGER 의료기기	KBSTAR KRX300미국달러 선물혼합
KODEX MSCI밸류	KINDEX 스마트로우볼	KODEX 성장투자
KODEX MSCI퀄리티	TIGER 삼성그룹펀더멘털	TIGER 200 에너지화학레버 리지
KINDEX 밸류대형	KOSEF 배당바이백Plus	KODEX 200ESG
KINDEX 삼성그룹동일가중	KODEX 에너지화학	KINDEX 스마트하이베타
TIGER 미디어컨텐츠	KINDEX 스마트밸류	마이티 200커버드콜ATM레버 리지
KBSTAR V&S셀렉트밸류	KOSEF 저PBR가중	KBSTAR 헬스케어
KBSTAR 200커뮤니케이션 서비스	흥국 S&P코리아로우볼	TREX 펀더멘탈200
KBSTAR IT플러스	KBSTAR 게임테마	KODEX FnKorea50
ARIRANG KRX300IT	KODEX 퀄리티Plus	KBSTAR 모멘텀밸류
KBSTAR ESG사회책임투자	KODEX MSCI모멘텀	TIGER 200 건설
ARIRANG KRX300헬스케어	TIGER K게임	KODEX 삼성그룹밸류
TIGER 중소형성장	TIGER 대형성장	KODEX 기계장비
TIGER 대형가치	파워 고배당저변동성	TIGER LG그룹+펀더멘털
TIGER 지주회사	TIGER 우선주	KINDEX 한류

TIGER 베타플러스	TIGER 200 경기소비재	TIGER 중소형
KINDEX 스마트퀄리티	KINDEX 배당성장	KODEX 가치투자
KBSTAR 200생활소비재	TIGER 현대차그룹+펀더멘털	KBSTAR 200고배당커버드콜 ATM
KODEX 경기소비재	HANARO 농업융복합산업	TIGER MSCI KOREA ESG 유니버설
TIGER 방송통신	KBSTAR 중소형모멘텀로우볼	KBSTAR내수주플러스
KOSEF 고배당	KBSTAR KQ모멘텀로우볼	KBSTAR우량업종
KODEX 운송	TIGER 중소형가치	KBSTAR KQ모멘텀밸류
KODEX 보험	TIGER 여행레저	ARIRANG ESG우수기업
TIGER MSCI KOREA ESC 리더스	KBSTAR 중소형모멘텀밸류	KBSTAR 200에너지화학
KODEX 밸류Plus	KBSTAR 200경기소비재	KBSTAR 200금융
TIGER 200 생활소비재	KBSTAR 200산업재	마이티 코스피고배당
KBSTAR 200중공업	TIGER 은행	KBSTAR 200철강소재
KBSTAR 200건설	TIGER 지속배당	TIGER 200 산업재
TIGER 증권	KBSTAR 수출주	TIGER 200 철강소재

국내 파생 ETF

국내 파생 ETF는 35개 종목으로 구성되어 있다. 기초지수와 변동에 일정 배율을 연동하는 운용성과를 목표로 레버리지 ETF는 기초지수의 변동에 대해 2배 이상의 수익률을 추구하고, 인버스 ETF는 기초지수의 변동에 대해 역방향의 수익률을 추구한다. 지수가 하루 이상 연속해 등락 변동성을 보이는 경우, 그 변동과 같은 비율로 수익률이 나타나지 않는다.

국내 파생 ETF		
KODEX 레버리지	TIGER 200선물인버스2X	KBSTAR 국고채3년선물인버스
KODEX 200선물인버스2X	TIGER 인버스	TIGER 래버리지
KODEX 인버스	KBSTAR 200선물레버리지	KOSEF 200선물레버리지
KODEX 코스닥150선물인버스	KBSTAR 200선물인버스2X	KOSEF 미국달러선물레버리지
TIGER 200선물레버리지	TIGER 코스닥150선물인버스	KOSEF 미국달러선물인버스2X
ARIRANG 200선물인버스2X	KBSTAR KRX300레버리지	KOSEF 코스닥150선물인버스
마이다스 200커버드콜 5%OTM	KOSEF 코스닥150선물레버리지	TIGER 200커버드콜5%OTM
KINDEX 레버리지	HANARO 200선물인버스	KOSEF 200선물인버스
ARIRANG 200선물레버리지	KOSEF 200선물인버스 2X	KINDEX 인버스
KODEX KRX300레버리지	TIGER KRX300레버리지	ARIRANG 코스닥150선물인버스
KBSTAR KRX300선물인버스	TIGER KRX300선물인버스	HANARO 코스닥150선물레버리지
KODEX KRX300선물인버스	KBSTAR 200선물인버스	

해외 주식 ETF

해외 주식 ETF는 총 83개 종목으로 구성되어 있다. 해외 주식 시장에 투자하며 해외 거래소를 추종한다. 해외지수를 국내에서 실시간으로 거래해 효과적인 분산투자와 해외투자가 가능하다. 국내 시장 침체 시 대안으로 많이 활용한다.

해외 주식 ETF		
KODEX 선진국MSCI World	KINDEX 베트남VN30(합성)	TIGER 유로스탁스50(합성H)
TIGER 미국나스닥100	TIGER 글로벌4차산업혁신기술(합성H)	TIGER 차이나HSCEI
TIGER 차이나CSI300 레버리지(합성)	TIGER 미국S&P500선물(H)	KBSTAR 미국S&P원유생산기업(합성H)
TIGER 차이나CSI300	KODEX 미국S&P500선물(H)	KODEX 중국본토CSI300
KINDEX 중국본토CSI300	TIGER 미국S&P500레버리지(합성H)	ARIRANG 신흥국MSCI(합성H)
KODEX 미국FANG플러스(H)	KODEX China H 레버리지(H)	KOSEF 인도Nifty50(합성)
KODEX 미국 S&P고배당커버드콜(합성)	TIGER 미국다우존스30	KODEX 미국나스닥100 선물(H)
TIGER 차이나CSI300 인버스(합성)	TIGER 일본TOPIX(합성H)	KINDEX 중국본토CSI300 레버리지(합성)
KODEX China H	KODEX 중국본토 A50	KBSTAR 글로벌4차산업IT(합성H)
KBSTAR 중국본토대형주 CSI100	TIGER 인도니프티50레버리지(합성)	ARIRANG 미국S&P(H)
KINDEX 골드선물 레버리지(합성H)	KODEX 미국S&P바이오(합성)	TIGER S&P500(H)
KODEX 심천ChiNext(합성)	KINDEX 인도네시아MSCI(합성)	SMART MSCI World(H)

KINDEX 일본TOPIX인버스 (합성H)	TIGER 미국나스닥바이오	TIGER 유로스탁레버리지 (합성H)
KODEX 글로벌4차산업 로보틱스(합성)	ARIRANG 미국나스닥기술주	TIGER 일본TOPIX 헬스케어(합성)
KODEX S&P아시아TOP50	TIGER S&P글로벌 헬스케어(합성)	KODEX 미국S&P에너지(합성)
KINDEX 미국4차산업인터넷 (합성H)	KODEX S&P글로벌인프라 (합성)	KINDEX 일본Nikkei225(H)
KODEX 미국러셀2000(H)	KINDEX 러시아MSCI(합성)	SMART 중국본토 중소형 CSI500(합성 H)
TIGER 골드선물(H)	HANARO 글로벌럭셔리 S&P(합성)	KODEX 미국S&P산업재(합성)
TIGER 일본니케이225	TIGER 유로스탁배당30	KODEX 미국채울트라30년 선물인버스(H)
TIGER 차이나항셍25	TIGER 이머징마켓MSCI 레버리지(합성H)	ARIRANG 미국다우존스 고배당주(합성 H)
KBSTAR 중국MSCI China 선물(H)	KODEX 한국대만IT프리미어	ARIRANG S&P글로벌인프라
TIGER 라틴35	KBSTAR 미국장기국채 선물(H)	KODEX China H선물 인버스(H)
KINDEX 일본TOPIX 레버리지(H)	KBSTAR 차이나H선물 인버스(H)	ARIRANG 심천차이넥스트 (합성)
ARIRANG 글로벌MSCI (합성H)	KINDEX 멕시코MSCI(합성)	KINDEX 필리핀MSCI(합성)
ARIRANG 선진국MSCI (합성H)	KODEX 골드선물인버스(H)	KODEX MSCI EM선물(H)
TIGER S&P글로벌인프라 (합성)	KBSTAR 미국장기국채선물 인버스2X(합성 H)	KBSTAR 미국장기국채선물 인버스(H)
TIGER 원유선물인버스(H)	KBSTAR 미국장기국채선물 레버리지(합성 H)	

원자재 ETF

원자재 ETF는 총 14개 종목으로 구성되어 있다. 상품가격 또는 상품선물을 이용한 선물지수를 추종하는 ETF다. 직접 상품 투자 대신 상품 ETF를 매매함으로써 상품에 대한 투자가 가능하다.

원자재 ETF		
KODEX WTI원유선물(H)	TIGER 구리실물	TIGER 금은실물(H)
TIGER 원유선물 Enhanced(H)	KODEX WTI원유선물인버스(H)	KODEX 구리선물(H)
KODEX 골드선물(H)	KBSTAR 팔라듐선물(H)	KBSTAR 팔라듐선물인버스(H)
KODEX 은선물(H)	KODEX 콩선물(H)	TIGER 금속선물(H)
TIGER 농산물선물 Enhanced(H)	KODEX 3대농산물선물(H)	

채권 ETF

채권 ETF는 총 55개 종목으로 구성되어 있다. 국채와 우량 회사채 등의 채권지수를 추종 소액으로도 고액의 채권 투자가 가능하다. ETF의 장점인 분산 효과와 채권의 장점인 환금성, 안전성을 가지고 있다.

채권 ETF		
KODEX 단기채권	TIGER 단기채권액티브	KBSTAR 단기국공채액티브
TIGER 단기통안채	HANARO 단기통안채	KODEX 국고채3년
KODEX 종합채권(AA-이상)액티브	KOSEF 국고채10년	KOSEF 통안채1년
KODEX 단기채권PLUS	KBSTAR 단기통안채	KBSTAR 금융채액티브
KINDEX 단기통안채	KODEX 단기변동금리부채권액티브	TIGER 중장기국채
KBSTAR 중기우량회사채	KOSEF 단기자금	KINDEX 중장기국공채액티브
TIGER 미국채10년선물	KBSTAR 국고채3년	TIGER 미국달러단기채권액티브
TIGER 국채3년	KOSEF 국고채3년	ARIRANG 미국장기우량회사채
KODEX 국채선물10년인버스	ARIRANG 단기채권액티브	ARIRANG 미국단기우량회사채
KBSTAR 국채선물10년	KBSTAR 중장기국공채액티브	KINDEX 중기국고채
KODEX 미국채울트라30년선물(H)	ARIRANG 우량회사채501년	TIGER 중장기국채선물인버스
KODEX 국채선물10년	KODEX 미국채10년선물	ARIRANG 단기우량채권
TIGER 단기선진하이일드(합성 H)	HANARO KAP초장기국고채	TIGER 국채선물10년인버스
KODEX 200미국채혼합	ARIRANG 국채선물10년	ARIRANG 국채선물3년
KOSEF 국고채10년레버리지	TIGER 국채선물3년인버스	TIGER 중장기국채선물인버스2X
KBSTAR KRX국채선물3년10년스티프너2X	KODEX 국채선물3년인버스	ARIRANG 단기유동성
KBSTAR KRX국채선물3년10년스티프너	KINDEX 국채선물3년인버스	KBSTAR 국채선물10년인버스

KBSTAR KRX국채선물 3년10년 플래트너	KINDEX 국채선물10년 인버스	파워 중기국고채
KBSTAR KRX국채선물 3년10년 플래트너2X		

기타 ETF

기타 ETF는 32개 종목으로 구성되어 있다.

기타 ETF		
KODEX 미국달러선물	TIGER KIS 부동산인프라채권TR	TIGER 경기방어채권혼합
TIGER 미국MSCI리츠(합성 H)	KODEX 배당성장채권혼합	KODEX 미국달러선물 인버스2X
KODEX 미국달러선물 레버리지	TIGER 미국달러선물 인버스 2X	KODEX TRF030
KOSEF 미국달러선물인버스	KBSTAR 채권혼합	KODEX TRF050
KODEX TRF3070	KINDEX 상가포르리츠	ARIRANG 고배당주채권혼합
KINDEX 모닝스타 싱가포르리츠	KBSTAR 주식혼합	KINDEX 미국다우존스리츠 (합성 H)
KBSTAR 헬스케어채권혼합	TIGER 미국달러선물 레버리지	KBSTAR 미국고정배당 우선증권ICE TR
TIGER 일본엔선물	KODEX TSE일본리츠(H)	TIGER 일본엔선물인버스
KOSEF 미국달러선물인버스	TIGER 일본엔선물레버리지	KBSTAR V&S셀렉트밸류 채권혼합
KODEX 다우존스미국리츠(H)	KODEX 미국달러선물인버스	ARIRANG 스마트베티Quality 채권혼합
TIGER 일본엔선물인버스2X	멀티에셋하이인컴(H)	

그림11 ◆ ETF 로고 및 운용사

로고	ETF 운용사	ETF 브랜드
KODEX	삼성자산운용㈜	KODEX
TIGERETF	미래에셋자산운용㈜	TIGER
KOSEF	키움자산운용㈜	KOSEF
KB STAR ETF	KB자산운용㈜	KBSTAR
KINDEX KIM Korea Index	한국투자신탁운용㈜	KINDEX
POWER ETF	교보악사자산운용㈜	파워
ARIRANG ETF	한화자산운용㈜	ARIRANG
유리자산운용 Yurie Asset Management	유리자산운용㈜	TREX
대신자산운용 Daishin Asset Management	대신자산운용㈜	GIANT
MIDAS ASSET	마이다스에셋자산운용㈜	마이다스
ktb 자산운용	KTB자산운용㈜	GREAT
동양자산운용	동양자산운용㈜	FIRST
KDB산은자산운용	산은자산운용㈜	PIONEER
동부자산운용	동부자산운용㈜	마이티
하나UBS자산	하나유비에스자산운용(주)	KTOP
Heungkuk Asset Management	흥국자산운용(주)	흥국
SMART	신한BNP파리바자산운용(주)	SMART
HANARO ETF	NH-Amundi자산운용(주)	HANARO

108

ETF 운용사 알아보기

그림11은 ETF 운용사의 로고표다. 현재 시장에서 대표적으로 많이 거래되고 있는 운용사는 삼성자산운용, 미래에셋자산운용, 키움자산운용, KB자산운용, 한국투자신탁운용, 한화자산운용 정도다. 이 중 가장 많은 ETF를 운용하는 곳은 삼성자산운용, 미래에셋자산운용이다.

KODEX 삼성자산운용, TIGER 미래애셋자산운용, KOSEF 키움자산운용, KBSTAR KB자산운용, KINDEX 한국투자신탁운용, ARIRANG 한화자산운용을 지칭한다.

ETF 현황

2020년 7월 말 ETF는 447개 종목이 상장되어 있다. 이 중 국내 ETF는 330개(주식 218개, 레버리지/인버스 62개, 채권 27개 등) 및 해외 ETF 117개(주식 62개, 원자재 13개 등)로 총 447종목이다. 지속적으로 신규상장 종목이 늘어나고 있다.

현재 국내와 해외 ETF의 비중은 각각 73.8%, 26.2%다. 국내 주식 비중이 218개로 48.8%의 비중을 차지하고 있으며, 전략/업종 섹터, 시장대표 순으로 가장 많은 비중을 차지하고 있다. 국내 ETF 레버리지/인버스도 62개로 큰 비중을 차지하고 있다. 해외 ETF에서도 해외 주식이 62개 13.8%로 가장 큰 비중을 차지하고 있으며, 이 중 시장대표격인 대표지수형 ETF가 39개로 가장 많이 상장되어 있다.

표16 ◆ ETF 시장규모(2020년 7월 기준)

구분	2002	2008	2012	2016	2018	2019	2020/07
순자산총액 (억 원)	3,444	33,994	147,177	251,018	410,066	517,123	471,159
발행좌수 (천 좌)	43,700	311,100	843,579	1,528,614	2,728,974	3,194,066	3,422,666
일평균 거래대금 (억 원)	327	981	5,442	7,900	14,619	13,332	26,664
상장종목수 (개)	4	37	135	256	413	450	447
ETF 운용사 (개	2	7	15	13	15	15	15

자료: 한국거래소

2002년 상장종목수 4개에서 시작해서 2020년 7월 447개로 늘어났으며, ETF 운용사도 2002년 2개에서 15개로 늘어났다.

현재 ETF의 순자산가치 총액은 약 47조 1천억 원으로 전월 말 대비 3.9%가 증가했다. 이 중 KODEX200은 5조 3천억 원, TIGER 200은 2조 6천억 원으로 늘어났다. 일평균 거래대금도 약 2조 6,600억 원이며, 2020년 6월 약 4조 2천억 원으로 최대 거래대금을 기록했다.

거래대금 상위종목은 KODEX200선물 인버스2X가 7,445억 원, KODEX 레버리지가 7,337억 원이다. 세부내용은 표16을 참고하자.

표17 ◆ 한국거래소 ETF 상품 Lineup 및 추이(2020년 7월 기준)

구분				종목수	ETF 일반	ETF 레버리지/인버스	ETF 액티브
국내	주식	시장대표	코스피	51	코스피200, 코스피100, 코스피50, 코스피200 동일가중, 코스피TR 동일가중, 코스피200TR	코스피200, 코스피200 선물, 레버리지 2X, 코스피200 선물 인버스 -1X, -2X	
			코스닥	19	코스닥150	코스닥150, 코스닥150선물, 레버리지 2X, 코스닥150 선물 인버스 -1X	
			코스피+코스닥	20	KRX100, KTOP30, MSCI Korea, KRX300, MSCI Kroea TR	KRX300	
		업종섹터	코스피	29	건설, 경기소비재, 생활소비재, 산업재, 금융, 에너지/화학, 정보기술, 중공업, 헬스케어, 자동차	코스피200 에너지/화학, 정보기술 레버리지 2X	
			코스피+코스닥	34	건설, 미디어통신, 자동차, 은행, 보험, 증권, 화장품, 반도체, 철강, 헬스케어, 바이오, 정보기술, 경기소비재, 생활소비재		
			코스닥	2	헬스케어, 정보기술		
		전략	코스피	48	가치, 성장, 배당, 변동성, 기업그룹, 혼합/퀀트, 구조화, 전략테마, 스마트퀄리티, 스마트로우볼, 스마트하이베타, 로우볼가중TR, 로우사이즈가중TR, 모멘텀가중TR, 밸류가중TR, 퀄리티가중TR, 멀티팩터, ESG		
			코스닥	3	변동성, 배당		
			코스피+코스닥	33	가치, 성장, 배당, 전략테마, 혼합/퀀트, 변동성, KRX300 미국달러 선물혼합지수, E커머스, 고배당 알바, SLV배당가치지수, IT플러스, 내수주플러스		
		규모	코스피	9	대형주, 중형주, 중소형, 초대형제외		
			코스닥	.			
			코스피+코스닥	8	대형주, 중형주		
	채권		국공채	38	통안채, 국고채, 10년 국채, 초장기 국고채	10년 국채 인버스 -2X, 레버리지 2X	통안채, 국공채
			혼합	8	단기채권, 머니마켓, 크레딧		변동금리부은행채, 종합채, 단기채
			회사채	3	회사채, 종합채권금융채2.5Y-3Y		
	부동산		부동산	1	부동산인프라고배당		
	통화		미국달러	10	미국달러	미국달러 선물 인버스 -1X, -2E, 레버리지 2X	
			유로	.			
			일본엔	4			
	혼합자산		주식+채권	9	주식+채권		
			주식+통화	.			
	원자재		금속	.			
	기타		기타	1	CD금리		
소계				330			

해외							
해외	주식	시장대표	글로벌	1	MSCi ACWI		
			남미	2	BNY Latin America, MSCI MEXICO IMI 25/50 PR		
			북미	9	미국(NASDAQ100, Dow Jones, S&P500, S&P500 Futures)	미국(S&P500 레버리지 2X, S&P500 선물 인버스 -1X)	
			선진국	3	MSCI World, MSCI EAFE		
			신흥국	3	MSCI EM, SGZ Emerging Markets Futures	MSCI EM 레버리지 2X	
			아시아	30	중국(CSI100, 300, HSCEI, FTSE China, ChiNext), 일본(Nikkei225, TOPIX), 인도(Nifty50), 베트남(VN30), 인도네시아(MSCI), 필리핀(MSCI), S&P아시아50	중국(CSI300 레버리지 2X, 인버스 -1X, HSCEI 레버리지 2X), 일본(TOPIX 레버리지 2X, 인버스 -1X), 인도(Nifty50 레버리지 2X)	
			유럽	4	EURO STOXX50, 러시아(MSCI Russia)	EURO STOXX50 레버리지 2X	
		업종섹터	글로벌	8	헬스케어, 인프라, 정보기술, 업종테마(4차산업혁명, 천연자원, 업스트링, 로보틱스)		
			북미	8	금융, 산업재, 에너지화학, 정보기술, 헬스케어		
			아시아	2	헬스케어		
		전략	북미	3	배당, 구조화, 가치주		
			아시아	.			
			유럽	1	배당		
			선진국	1	Global Lunxury		
		규모	북미	.			
			아시아	.			
			유럽	.			
	채권	회사채		3	하이일드, ICE BofAML		
		국공채		9	미국장기국채선물, 미국달러단기채권액티브	미국장기국채선물 레버리지2X, 인버스-1X, -2X	
	통화	미국달러		.			
	원자재	금속		11	금, 은, 구리, 혼합, 팔라듐선물	금 레버리지 2X, 인버스 -2X, 팔라듐선문인버스	
		농산물		3	콩, 혼합		
		에너지		4	WTI원유선물	WTI원유선물 인버스-1X	
		혼합		.			
	부동산	리츠		5	리츠		
	혼합자산	혼합		1	Multi-Asset High Income 10% Capped Index		
		채권+리츠		1	Morningstar Singapore REIT Yield Focus Income Protection Index		
		주식+채권		5	코스피200 미국채 혼합, TRF3070 TRF5050, TRF7030, BofAML		
	변동성	VIX					
소계				117			
합계				447			

자료: 한국거래소

112

📝 기사로 ETF 읽기 2

레버리지 ETF의 '역설'

한국경제TV, 2020년 3월 18일

 www.wowtv.co.kr/NewsCenter/News/Read?articleId=A20
2003180102&t=NNv

2020년 3월 18일 기사다. 3월 들어 보름 사이 개인투자자들이 대 거 레버리지 ETF에 몰렸다. 순매수 규모만 1조 6천억 원에 달한 다. 그러나 이러한 대규모 매수세가 지수 급락 상황과 맞물리면서 역설적으로 매물 부담으로 이어지고 있다. 반등을 노린 레버리지 ETF로의 매수세 유입이 오히려 시장의 불안감을 키우는 악순환이 되었다.

일별 2배로 노출위험이 있다 보니까 시장이 빠지게 되면 보유 포지션을 2배의 익스포져를 맞출 수 있다. 펀드 운용구조상 시장 이 빠지게 되면 펀드의 보유자산을 매도할 수밖에 없다. 또 레버리 지 ETF 투자자 가운데 일부는 추가 급락 시 분할매수해서 장기투 자성향을 보이는 경우도 적지 않다. 그러나 단기 투자 성격이 강한

레버리지 ETF는 운용 특성상 당초 기대했던 수익률과 큰 차이를
보인다.

현재가치가 1천 원인 레버리지 ETF는 지수가 10% 하락할 경우
지수 대비 2배 수익률을 추종하는 만큼, 레버리지 ETF 가치는 800원

그림12 ◆ 코스피 일봉차트

그림13 ◆ KODEX200 일봉차트

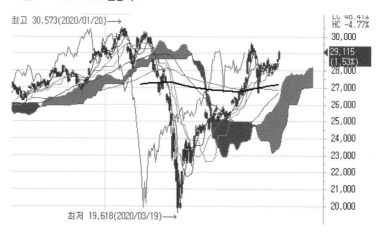

그림14 ◆ KODEX레버리지 일봉차트

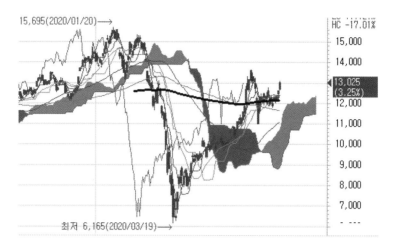

으로 떨어지는데 이후 지수가 원래 수준으로 회복되더라도 레버리지 ETF의 가치는 960원이 된다.

일봉차트를 보자. 코스피지수는 코로나19로 하락한 수준을 만회하고 전고점인 2,200선까지 올라왔다. KODEX200 ETF는 코스피 차트와 유사하게 회복하는 모습이다. 고점 대비 약 3~5% 정도 빠져 있다.

그러나 KODEX 레버리지 차트를 보면 수익률 회복이 상대적으로 떨어지는 모습이다. 고점 대비 하락폭이 17% 정도다. 이는 레버리지가 일별 노출이 2배이다 보니 진입했던 시점 대비 상대적으로 수익률이 떨어지게 된 것이다.

레버리지 ETF에 구성원리를 알아보자. 레버리지 ETF의 포트폴리오 구성원리는 간단하다. 만일 기초지수가 코스피200이라면 삼성전자, SK하이닉스, 현대차 등 주식들을 편입해서 해당 지수의 100%를 복제한다. 여기에 코스피200 주가지수 선물 등 파생상품을 이용해서 추가로 100%를 복제함으로써 총 200%의 주식 편입 비중을 구성한다. 즉, 1만 원짜리 레버리지 ETF로 2만 원어치 주식을 들고 있는 것이다. 레버리지 ETF는 매일매일 주가변동에 따라 주식 비중을 조정해주어야 하기 때문에 거래비용이 많이 발생한다.

레버리지 ETF는 기초지수의 수익률 2배를 추종하기가 어렵다. 추세가 없거나 횡보하는 시장국면에서 레버러지 ETF 수익률은 기초지수 수익률 2배에 미치지 못할 가능성이 크다. 이를 '부(-)의 복리 효과=역복리 효과'라고 부른다.

ETF는 기초지수와 가격변화가 어떤 움직임을 가졌는지에 따라 ETF의 수익률은 2배를 훨씬 상회하거나 하회할 수 있다. 이를 경로의존성(Path dependency)이라고 한다. 레버리지 ETF를 장기 투자할 경우 향후 수익률이 어떻게 될지 예측하기가 다른 ETF보다 훨씬 어렵기 때문에 투자위험도 크다.

• 기초지수가 하락 후 상승하는 경우

ETF 레버리지 투자 사례를 살펴보자. 기초지수가 하락 후 상승하는 경우를 살펴보면 T일에 1000으로 시작해 T+5일 기초지수가 750까지 하락한 후, 다시 T+10일에 기초지수 가격이 1000으로 회복된 경우 레버리지 ETF의 기준가격은 967.11로 -3.29% 하락한 결과를 나타냈다.

표18 ◆ KOSPI200 및 TIGER 레버리지 누적수익률

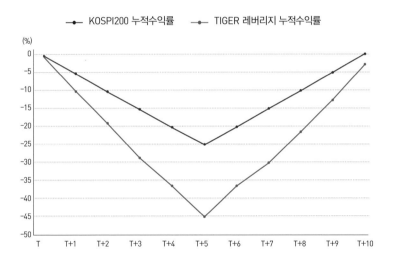

자료: 미래에셋자산운용

• 기초지수가 상승 후 하락하는 경우

기초지수가 상승 후 하락하는 경우를 살펴보자. T일에 1000으로 시작해 T+5일 기초지수가 1250까지 상승한 후, T+10일에 기초지수 가격이 1000으로 하락한 경우 레버리지 ETF의 기준가격은 980.16으로 -1.98% 하락한 결과를 나타냈다.

표19 ◆ KOSPI200 및 TIGER 레버리지 누적수익률

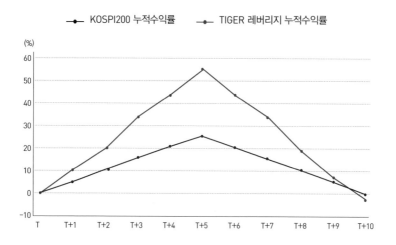

자료: 미래에셋자산운용

• 기초지수가 최초대비 상승후 등락을 반복하는 경우

기초지수가 최초 대비 상승 후 등락을 반복하는 경우를 살펴보면 T일에 1000으로 시작해 T+1일 기초지수가 1100까지 상승 후, 하루 단위로 100씩 하락, 상승을 반복해 T+10일에 기초지수 가격이 1000이 되는 경우 레버리지 ETF의 기준가격은 912.34로 -8.77% 하락한 결과를 나타냈다.

표20 ◆ KOSPI200 및 TIGER 레버리지 누적수익률

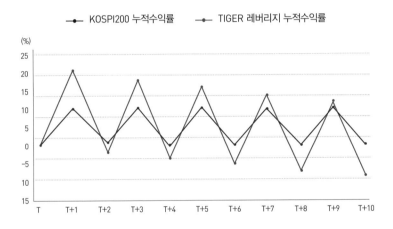

자료: 미래에셋자산운용

• 기초지수가 최초대비 하락 후 등락을 반복하는 경우

기초지수가 최초 대비 하락 후 등락을 반복하는 경우를 살펴보면 T일에 1000으로 시작해 T+1일 기초지수가 900까지 하락 후, 하루 단위로 100씩 상승, 하락을 반복해서 T+10일에 기초지수 가격이 1000이 되는 경우 레버리지 ETF의 기준가격은 893.72로 -10.63% 하락한 결과를 나타냈다.

표21 ◆ KOSPI200 및 TIGER 레버리지 누적수익률

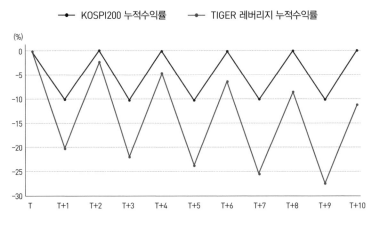

자료: 미래에셋자산운용

• 기초지수의 등락폭이 확대되는 경우

기초지수의 등락폭이 확대되는 경우를 살펴보면 T일에 1000으로 시작하여 T+1일 기초지수가 990까지 하락 후, 하루 단위 10씩 증가해서 등락한다면 T+10일에 기초지수 가격이 1050이 되는 경우 레버리지 ETF의 기준가격은 1060.94로 6.09% 상승한 결과를 나타냈다.

표22 ◆ KOSPI200 및 TIGER 레버리지 누적수익률

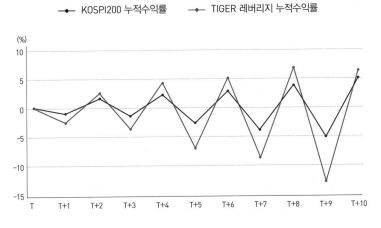

자료: 미래에셋자산운용

이번에는 ETF의 다양한 투자전략에 대해 알아보겠다. 주식, 선물, 옵션 투자에 다양한 전략이 있듯이, ETF도 전략적으로 투자할 수 있다. 방향성 투자, 유망섹터 투자, 지역별 분산투자, 핵심-위성 투자, 스마트베타 투자 등 각 투자전략에 대해서 정리했다. 이를 읽고 자신의 성향에 맞는 적합한 투자전략을 찾는 길잡이로 삼아보자.

PART 3

수익이 따라오는
ETF 투자전략

01

방향성 투자전략

방향성 투자전략은 특정 자산가격의 상승, 하락, 박스권 등 방향성을 예측해 투자하는 기본적인 투자방법이다. 주식 시장에 상승이 예상되는 경우에는 코스피200, 코스닥150 등 시장 전체를 대표하는 상품이나 레버리지 상품에 투자하고, 하락이 예상되는 경우에는 인버스 상품에 투자하는 것이다. 박스권 장세를 예상하는 경우라면 박스권 하단에서는 매수를, 상단에서는 매도를 확대해 수익을 추구할 수 있다. 한국의 코스피지수가 장기간 박스권에서 등락을 거듭하다 보니 박스권 전략이 인기를 얻기도 했다.

주가지수뿐만 아니라 환율, 금리, 원유, 금 등 원자재나 통화,

금리 상품에서도 방향성 투자가 가능하다. 채권금리 하락이 예상되면 국고채 등 채권형 상품을 매수하고, 원달러 환율 상승이 예상되면 달러 ETF를 매수하는 방식이다.

방향성 투자전략을 세우기 위해서는 경제지표, 시장의 수급 등 단기·중기·장기적 추세를 판단하고, 그에 맞는 매매를 실행에 옮겨야 한다.

··· 단기 방향성 투자 ···

시장 방향성 접근

단순히 주식 시장의 상승 또는 하락을 전망하더라도 이를 근거로 투자자가 개별종목에 투자하기에는 어려움이 있다. 개별종목의 주가는 주식 시장 전체의 흐름과 다르게 움직일 위험이 있기 때문이다. 그러나 시장지수를 추종하는 ETF에 투자하면 시장상승률과 연동된 투자결과를 얻을 수 있다.

표1 ◈ 시장지수 및 파생형 ETF

구분	내용
KODEX200	시장지수(코스피200) 수익률을 추종
KODEX 인버스	시장지수(코스피200) 일간 수익률을 반대로 추종(시장지수 하락 시 수익)
TIGER 레버리지	시장지수(코스피200) 일간 수익률을 두 배로 추종

업종 방향성 접근

특정한 업종에서 밝은 전망이 예상되는데 해당 업종 내에서 어떤 기업의 투자할지 결정하기 어렵다면, 해당 업종지수의 수익률을 추종하는 ETF에 투자하는 방법으로 접근하자.

과거 2011년 10월 대림산업, GS건설, 현대건설, 대우건설 등 4개 기업의 주가 하락 평균은 -11%였으나, TIGER 건설기계 ETF는 -7%대였다. 특정 업종 전체의 영향을 미치는 이벤트가 일어날 경우 이러한 업종 ETF를 활용한다면 개별 기업분석에 필요한 시간을 절약할 수 있어서 시장 변화에 빠르게 대응할 수 있다.

매매타이밍 접근: Time Investment ETF

주식 시장은 크고 작은 파동을 거듭하면서 진행되기 때문에 매매 타이밍을 잡아 ETF를 매매함으로써 수익률을 높일 수 있다. 스타일, 섹터지수 ETF와 같이 기초자산의 변동성이 높은 상품이라면 상대적으로 단기매매에 적합하다.

··· 장기 방향성 투자 ···

업종 방향성 접근

경제활동의 수준을 나타내는 경기는 일반적으로 확장과 수축을 반복하며 변동하는 특성이 있다. 경기가 변동하는 국면에 따라 주식

표2 ◆ 경기 사이클별 수혜 업종 및 관련 ETF

구분	수혜 업종	수혜 업종 관련 ETF
경기 수축기	헬스케어, 음식료, 필수소비재, 금융, 유틸리티, 제약·바이오, IT 등	KODEX 필수소비재, KODEX 게임, TIGER 경기방어, KODEX 헬스케어 등
경기 확장기	에너지, 화학, 철강, 조선, 운동, 게임, 건설기계, 통신 등	KODEX 자동차, TIGER 에너지화학, TIGER 산업재, KBSTAR200 산업재 등

시장에서는 수혜를 받는 업종과 그렇지 못한 업종이 생긴다. 이러한 경기 사이클을 활용한 주식 투자 시 업종 ETF를 활용하면 간편하게 투자할 수 있다.

적립식 투자전략

적립식 펀드와 같은 방법으로 투자하는 방식이다. 일정한 주기마다 같은 금액으로 ETF를 매수하면서 저렴한 비용으로 적립식 펀드의 효과를 낼 수 있다. 아울러 전월 대비 지수가 일정비율 하락시 추가매수를 시행하는 등 매도와 매수를 직접 결정할 수 있으므로 수익률을 극대화할 수 있다. 저렴한 비용과 예측 가능한 한정적 수익률, 투자 편의성 등을 고려했을 때 장기보유를 통한 기대수익도 높일 수 있다.

지점매수 장기보유 투자전략

매월 일정 금액 ETF 매수를 통해 적립식 펀드 투자와 평균비용 효과(Cost Average Effect)를 기대하면서 투자하는 방법이다. 1997년

외환위기나 9·11 테러 발생, 최근 코로나19 이슈로 저점을 기록했을 때 저점에 매수해 장기보유(Cheap Buy & Long Term Holding)한다면 단기적으로는 추가 하락 때문에 일시적 손실이 발생할 수 있지만 장기적으로 우수한 성과를 얻을 수 있다.

02

섹터로테이션 투자전략

한 국가의 경제를 구성하는 다양한 업종이 모두 일시에 호황이거 나 불황일 수는 없을 것이다. 사례를 보자. 과거 1990년대 후반 IT 붐이 나타날 때는 IT 업종의 주가가 압도적으로 높은 상승률을 보 였다. 2011년 그리스에서 촉발된 유럽 금융위기 이후 지속적인 경 기 침체 국면에서는 필수소비재 업종이 상대적으로 높은 수익률을 기록했다. 2020년에는 코로나19로 인해 치료제, 백신, 진단키트 등 보건 이슈가 주목받으면서 제약·바이오 업종의 수익률이 높았 다. 정권이 바뀌면 새로운 정부가 제시하는 경제정책에 따라서 수 혜 업종이 생기기도 한다.

섹터로테이션은 경기에 따른 유망업종에 순차투자를 하는 것이다. 업종별로 투자대상을 세분화해서 상승세를 이끄는 주도업종에 투자하고 일정 기간 후에 다시 다른 업종으로 투자 포트폴리오를 변경하는 전략이다. 경기가 호황일 때 다른 업종에 비해 더 탄력적으로 주가가 올라가는 경기민감 업종이 있고, 반대로 경기하강 국면일 때도 소비를 줄이기 어려운 필수소비재 업종이 있다.

2011년 상반기 주식 시장에 '차·화·정'이라는 단어가 유행했는데, 자동차·화학·정유 3개 업종의 상승세가 뛰어났기 때문에 생긴 말이었다. 2013년에는 소프트웨어, 2014년에는 유가 하락에 따른 운송 업종, 2015년에는 바이오·헬스케어가 약진을 보였다. 2020년에는 코로나19로 언택트 문화가 자리를 잡으면서 비대면 관련 섹터(결제·교육·미디어콘텐츠 등)가 큰 상승세를 보였다. 해마다 당해 주식 시장을 주도하는 업종이 있기 때문에 주도업종을 골라 투자하는 섹터로테이션 전략이 시장에서 많이 사용된다.

또한 업종별, 스타일별(가치·성장 등)로 순환해 투자하는 방법이 있다. 재료변화에 따라 유사한 반응을 보이는 업종에 대해서는 저평가된 업종의 ETF를 매수하고, 고평가된 ETF를 매도하는 일종의 펀더멘털 차익거래가 가능하다.

섹터로테이션 전략은 가장 일반적인 생각을 통해 주요 업종이나 섹터에 선별해서 투자하는 방식이다. 이러한 전략을 ETF에 활용한다면 상승세의 업종과 섹터 및 이와 관련된 다양한 종목에 투자할 수 있어, 분산투자가 용이하다.

섹터로테이션 투자전략 예시: 미래에셋자산운용 TIGER ETF

표3 ◆ 종목비중

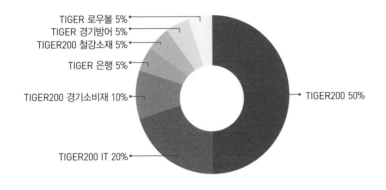

TIGER 로우볼 5%
TIGER 경기방어 5%
TIGER200 철강소재 5%
TIGER 은행 5%
TIGER200 경기소비재 10%
TIGER200 IT 20%
TIGER200 50%

자료: 미래에셋자산운용

섹터로테이션은 미래에셋자산운용 TIGER ETF로 구성된 것이다. 섹터 및 업종 구성을 보자. 경기 확장기에 따른 ETF 포트폴리오 구성에는 TIGER200, TIGER200 IT 10%, TIGER 철강소재 5%를 경기 수축기에 따른 ETF 포트폴리오 구성에는 TIGER 경기소비재, TIGER 은행, TIGER 경기방어, TIGER 로우볼 5% 섹터 및 업종으로 이루어짐을 알 수 있다. 경제 상승보다는 경제 수축에 대한 가중치를 두었기 때문에 경기 수축에 대한 섹터 포지션을 구축했다. 섹터로테이션은 성장산업의 트렌드 시차가 빠르게 움직이고 있기 때문에 중장기적으로 포지션을 구축하지 않는다.

최근 코로나19로 인해 언택트 문화의 트렌드가 잡힘에 따라 언택트 관련 섹터(게임, 헬스케어, 클라우드, AI, 빅데이터, 원격진료, 재택근무 등) 새로운 섹터 트렌드의 ETF가 부각되고 있다. 또한 한국판 뉴딜의 양축인 디지털뉴딜과 그린뉴딜 관련 ETF가 섹터로테이션 전략으로 떠올라 거래대금이 늘어나고 있다.

신규 상장 섹터 ETF 알아보기

2020년 6월 신규 상장된 ETF에 대해서 알아보자.

표4 ◆ 신규 상장 섹터 ETF 사례

코드	기초자산	보수율
VIRS	미국 바이오 주식	0.70%
WFH	미국 재택근무 관련 주식	0.45%
CEFA	천주교 교리 부합 주식	0.35%
PFFV	미국 변동금리 우선주	0.25%
GERM	미국 바이러스 검진기업	0.68%

자료: 하나금융투자

• VIRS ETF

미국의 페이서파이낸셜이 코로나19 위협에서 벗어나는 데 도움을 주는 서비스업체에 투자하는, 2020년 6월 24일 상장된 '페이서 바이오 위협 전략 ETF'다. 즉, 바이오 위협 지수를 따라가며 전염병이나 기타 질병을 치료하는 기술을 보유한 미국 상장기업에 투자한다. VIRS ETF는 단순히 헬스케어 종목에만 투자하는 것이 아니다. 제약회사 사노피의 미국주식예탁증서(ADR)에도 투자하고, 엔비디아, 아마존,

넷플릭스 등의 종목에도 투자한다. 집콕 생활에 활력을 줌으로써 경기 회복에 도움을 주는 종목에 투자한다.

• WFH ETF

미국 재택근무 관련 주식을 기초자산으로 하는 ETF다. 미국 자산 운용사 디렉시온은 줌(화상회의), 포티넷(사이버보안), 박스(문서관리) 등 재택근무 관련 주식들을 편입한 ETF를 2020년 6월 29일에 출시했다. WFH는 'Work From Home(집에서 일하다)'의 약자다. 주로 편입한 기업을 보면 Twilio(클라우드 커뮤니케이션 플랫폼), Okta(클라우드 관련), Inseego(IoT 서비스 관련), Crowdstrike Holdings(사이버 보안기술), Avaya Holdings(커뮤니케이션) 등이 있다.

코로나 이후로 많은 회사들이 재택근무의 효율성을 직접 느끼면서, 재택근무 관련 회사들이 수혜를 보고 있어 WFH는 앞으로 기대되는 ETF 중 하나다.

• CEFA(Catholic Values Developed ex-U.S.) ETF

기존 S&P500 가톨릭 ETF와 함께 글로벌X 가톨릭 조정 투자 제공을 확대하는 ETF다. 이 상품은 S&P500지수를 기초자산으로 삼고, 미국 가톨릭주교회의 투자지침에 따라 구성된다. 낙태, 성인 콘텐츠 제작, 화학·생물학적 무기 제조, 피임, 줄기세포 실험 등과 관련해 매출이 조금이라도 발생하면 투자대상에서 제외된다.

• PFFV(Variable Rate Preferred) ETF

변동금리형 우선주에 투자하는 ETF다. 투자자가 단기 변동금리 우선주에 효율적으로 접근할 수 있는 것이 특징이다. 우선주 ETF는 발행

기간 고정, 변동금리 쿠폰 또는 변동금리 쿠폰을 제공하는 유가증권
을 포함한다. 다양한 쿠폰을 제공하는 유가증권으로 구성해서 변동
성과 금리 리스크를 낮추었다.

• GERM ETF

감염병과 치료 관련 바이오테크 기업에 투자하는 ETF다. 2020년
6월 17일에 출시되었으며, 밀레니얼 세대들이 주축인 투자 사이트
Robinhood에서 거래되는 가장 인기 있는 ETF 중 하나다. 편입종목
55개 가운데 포트폴리오 상위종목으로는 Novavax, Moderna가 약
18% 비중으로 설정되어 있다.

이 외에 코로나19 백신, 코로나19 바이러스 항원검사 분자진단 기업
등 바이오 종목 구성으로 포트폴리오가 이루어진다.

03

글로벌 분산 투자전략

ETF가 매력적인 이유는 국내의 금융 투자상품 외에 해외상품에도 손쉽게 투자할 수 있기 때문이다. 해외 주식, 통화, 원자재 등에 직접 투자하려면 개별종목에 대한 정보, 습득, 시차 등으로 많은 불편함이 있지만, 해외 ETF의 발행회사와 유동성공급업자가 이러한 불편함을 대신 제거해주기 때문에 ETF 투자의 편리성이 높다.

ETF를 통한 해외 투자는 투자의 편리성, 가격의 즉시성, 저렴한 비용 등에서 일반 펀드보다 상대적으로 우위에 있고 수익률 측면에서도 경쟁력을 가지고 있다. 특히 여러 국가에 대한 투자 비중을 변경할 때 펀드는 설정과 환매에 오랜 시간이 소요되어 실질 효과를 즉각적으로 얻을 수 없지만, ETF는 바로 실행시킬 수 있다는 장점이 있다.

다만 국내 투자와 달리 환율변동 위험에 그대로 노출될 수 있어 투자 시 주가는 물론 환율 추이에도 관심을 가져야 한다. 환헤지가 안 된 해외 ETF 가격에는 환율이 반영되어 있기 때문에 국내 ETF 와 달리 대상지수와 가격이 다른 수치로 나타난다.

현재 국내 시장에는 다양한 해외 ETF가 상장되어 있다. 아시아 지역에는 중국(CSI100, CSI300, CSI500, FTSE China50, SZSE Chinext), 홍콩(HSCEI, Mainland25), 일본(TOPIX100, TOPIX, Nikkei225), 인도 (CNX Nifty), 베트남(VN30), 인도네시아(MSCI Indonesia) 등이 있다. 북미 지역에는 미국(S&P500, Nasdaq100, Dow Jones) 등이 있다. 유럽 지역에는 유럽(EURO STOXX50, MSCI Germany) 등이 있다. 전 세계 주식에 투자하는 월드, 선진국, 신흥국에는 MSCI World, EAFE, EM 등이 있다. 글로벌 국가에 대한 레버리지 및 인버스 상품도 상장되어 있으며, 주식뿐만 아니라 국채, 하이일드 채권 등 채권을 기초로 하는 상품도 상장되어 있다.

개방경제 이후 전 세계 자본시장이 동조화 현상을 보이는 경우가 많으나, 미국 트럼프 정부 이후 보호무역 경제로 전향되면서 국가별로 불황과 호황이 달리 나타나기도 한다. 국가별 경제상황에 따라 한국, 일본, 중국, 미국 등 투자국가를 달리해 투자하는 것이 글로벌 자산 배분전략이다.

레이달리오 글로벌 분산 ETF 투자전략

레이달리오는 200조 원 정도의 자산을 운용하는 회사다. 레이달리오는 경제 흐름에 따라서 포트폴리오를 계속 리밸런싱하면서 지속적인 수익을 추구하기에 시장에서 인정받을 수 있었다.

레이달리오의 2019년 9월 ETF 운용내역에 대해서 살펴보도록 하겠다. 레이달리오의 포트폴리오는 미국, 이머징, 선진국, 금, 채권 식으로 구분되어 있다.

표5 ◆ 레이달리오 포트폴리오(단위: 백만달러)

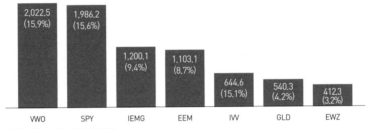

*괄호 안 숫자는 종목별 비중

자료: 네이버 블로그 ddowoo

표6 ◆ VWO 국가별 투자 비중

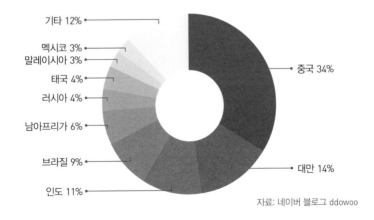

자료: 네이버 블로그 ddowoo

그림1 ◆ 레이달리오 상위 매수 및 매도 ETF

09/30/2019 **Top Buys**		
Name		% Change
SPY SPDR S&P 500 ETF Trust		2.775%
EWZ iShares MSCI Brazil..		1.464%
EWT iShares MSCI Taiwan ..		1.277%
IVV iShares Core S&P 50 ..		0.683%
ALXN Alexion Pharmaceuti..		0.378%

09/30/2019 **Top Sells**		
Name		% Change
EEM iShares MSCI Emergi..		4.14%
VWO Vanguard FTSE Emerg..		2.64%
IEMG iShares Core MSCI E..		1.961%
TIP iShares TIPS Bond ETF		0.899%
BBBY Bed Bath & Beyond Inc.		0.334%

자료: whalewisdom.com

표7 ◆ 레이달리오 ETF 비중

종목	포트폴리오(%)	이전 포트폴리오(%)	순위	종목	포트폴리오(%)	이전 포트폴리오(%)	순위
SPY	18.35	15.58	1	EWY	1.76	1.68	11
VWO	13.22	15.86	2	EFA	1.56	1.32	12
IEMG	7.45	9.41	3	VEA	1.54	1.32	13
IVV	5.74	5.06	4	IAU	1.45	1.24	14
GLD	4.95	4.24	5	IEFA	1.43	1.21	15
EWZ	4.70	3.23	6	EMB	1.34	1.60	16
EEM	4.51	8.65	7	EWT	1.28		17
LQD	2.61	2.57	8	INDA	1.08	0.83	18
TLT	2.40	2.09	9	ADS	0.64	0.60	19
HYG	2.35	2.20	10	BIIB	0.49	0.46	20
				BABA	0.47	0.42	21

자료: whalewisdom.com

138

레이달리오는 신흥국 중 중국에 관심이 많고, VWO(뱅가드 이머징 ETF)가 가장 많았으며, SPY(S&P500), IMEG(MSCI 이머징), EEM(이머징 ETF) 순이었다.

이는 레이달리오가 국가별 배분 전략 ETF를 구성하는 사례를 보여준다. 이처럼 국가별 경제상황별에 따라 자산을 배분해서 리스크 관리와 수익률을 동시에 잡는 것이 국가별 자산배분 투자전략인 것이다.

04

핵심-위성 투자전략

핵심-위성(Core-Satellite) 투자전략은 기관투자자가 주로 사용하는 전략이다. 핵심 포트폴리오는 시장지수를 추종할 수 있는 ETF를 배치하고, 위성 포트폴리오는 섹터 ETF 등 시가총액 비중 또는 투자 비중에 따라 적절하게 구성해 시장수익률을 추적함과 동시에, 초과수익(알파)을 추구하는 전략이다. 이처럼 주식 투자에서 안정적인 시장 전체 수익 추구는 인덱스펀드 혹은 ETF를 통해서만 가능하다고 할 수 있다.

이러한 투자의 목표를 달성하기 위해서는 투자자는 핵심-위성 전략에서 ETF를 잘 활용해야 한다. 투자의 중심에 시장 전체 수익

표8 ◆ 핵심-위성 투자

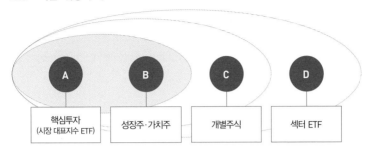

자료: 한국거래소

표9 ◆ 핵심-위성 투자전략의 장점

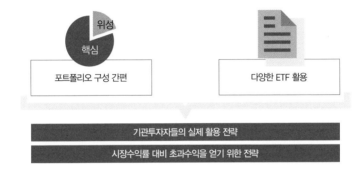

자료: 전국투자자교육협의회

률 획득이 가능한 상품이 자리를 잡아야 하기 때문이다.

시장대표 지수는 코스피200, KRX100, 코스닥150 등 국내 주식 시장 전체의 흐름을 나타내주는 시장대표 성격의 지수를 말한다. 이는 핵심(Core)에 해당한다. 위성으로 활용할 수 있는 금융투자 상품은 섹터, 원자재, 해외 주식, 스타일 ETF 등을 둘 수 있다.

현재 시장에 상장되어 있는 시장지수 ETF와 섹터 ETF, 원유

ETF, 해외 ETF, 스타일 ETF 등을 이용하면 핵심-위성 투자전략을 적은 비용으로 수행할 수 있다. 실제 미국, 유럽, 한국 등 연기금 펀드들이 상장지수 ETF와 섹터 ETF를 사용해서 이러한 전략을 구성하고 있다.

핵심과 위성 배분비율이 딱히 정해져 있는 것은 아니다. 본인의 투자판단과 투자스타일에 맞게 배분비율을 결정하면 된다. 안정적 또는 보수적 투자자라면 핵심의 비율을 높여서 8:2 또는 7:3 비율로 할 수 있고, 반대로 공격적 투자자라면 5:5, 4:6 등으로 위성의 비율을 높여갈 수 있다.

··· 핵심-위성 포트폴리오 ···

이제 핵심-위성 포트폴리오 사례를 살펴보자. 전국투자자교육협의회 자료를 참고했다.

사례1: 반도체 업종을 긍정적으로 보며 한국 주식 시장의 시장수익률을 추종하고 싶은 경우 핵심-위성 투자전략

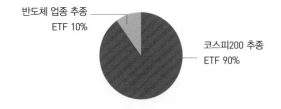

반도체 업종 추종 ETF 10%
코스피200 추종 ETF 90%

보수적 투자자로 시장수익률을 추종하기 위해 코스피200을 추종하는 ETF(예: KODEX200, TIGER200)로 핵심자산을 구성하고, 나머지 10%는 앞으로 반도체 업계 현황에 대한 긍정적인 전망을 가지고 있는 반도체 업종지수를 추종하는 ETF(예: TIGER 반도체, KODEX 반도체)로 위성자산을 구성해서 시장 대비 초과수익을 추구하는 전략이다.

증시가 좋아지면서, 특히 삼성전자와 SK하이닉스 등 반도체 관련 회사들의 주가가 오르게 되면 이 포트폴리오는 초과수익을 얻을 수 있다.

사례2: 미국 주식 시장의 시장수익률을 추종하며 미국 바이오 업종의 시장수익률을 초과할 것으로 예상할 경우 핵심-위성 투자전략

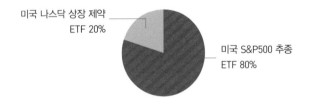

미국 나스닥 상장 제약 ETF 20%

미국 S&P500 추종 ETF 80%

코로나19로 인해 신약, 치료제, 진단키트 등이 부각되면서 제약 바이오 시장의 성장을 예상한다면 이 전략이 유효할 수 있다. 미국 S&P500 기업을 추종할 수 있는 ETF[예: TIGER 미국 S&P500 선물(H), KODEX 미국 S&P500 선물(H)] 포트폴리오 80%를 핵심자산으로 구성하며, 나머지 20%는 미국 나스닥에 상장된 생명공학 또는 제약주

관련 ETF[(예: KODEX 미국 S&P바이오(합성), TIGER 미국나스닥 바이오 등]
로 구성한다.

이 포트폴리오는 미국 주식 시장과 상관관계가 높으며, 미국 바이오 업종 회사들의 주가가 S&P500 주가지수 이상으로 상승하면 초과수익을 얻을 수 있다. 다만 이렇게 해외에 투자하는 ETF의 경우 환헤지 여부를 반드시 검토해야 한다. 이 상품은 환헤지(H)를 실행하고 있기 때문에 환율변동성 위험이 제거된 것이다.

환위험은 미국 달러가치가 떨어지는 위험을 달러선물 매도로 헤지하는 것이다. 반면 환헤지를 실행하지 않는 해외투자 ETF 경우 주가변동성 이외에 환율변동성도 노출될 수 있음을 주의해야 한다. 환헤지가 안 된 ETF인 경우 달러가치가 상승할 때 환차익이 발생하며, 반대로 달러가치가 하락하면 환차손이 발생한다.

사례3: 투자 아이디어에 확신이 없는 투자자의 핵심-위성 투자전략

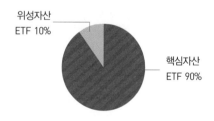

위성자산
ETF 10%

핵심자산
ETF 90%

시장수익률에서 크게 벗어나지 않으며 위험자산을 구성하고자 하는 투자 아이디어에 확신이 없는 경우, 핵심자산 비중을 100% 가깝게 설정하는 투자전략이다. 핵심자산 ETF의 구성에서 90%는 지수를 추종하는 ETF로 기초자산의 움직임과 유사하게 가며, 나머지 10%는 스타일 또는 섹터 위주로 구성한다.

사례4: 투자 아이디어에 확신이 있으며 시장 대비 초과수익을 목표로 하는 투자자의 핵심-위성 투자전략

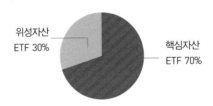

투자성향이 공격적이고 시장수익률 대비 높은 초과수익률을 달성하고자 하는, 위험자산을 구성하고자 하는 투자 아이디어에 자신감이 있는 경우, 핵심자산의 비중을 줄이며 위험자산을 높게 설정하는 전략이다. 핵심자산 ETF의 구성에서 70%는 지수를 추종하는 ETF로 기초자산의 움직임과 유사하게 가며, 나머지 30%는 스타일 또는 섹터 비중을 늘려 투자한다. 보수적 투자자에 비해 공격적 투자자의 손익률이 더 크다.

05

스마트베타 ETF 투자

2015년 이후 ETF의 최대 화두는 스마트베타 ETF였다. iShares, Vangauard 등 글로벌 대표 ETF 운용사뿐만 아니라, 국내 ETF 운용사들까지 다양한 스마트베타 ETF를 출시하면서 인기가 높아졌다. 스마트베타란 기업의 내재가치, 성장 모멘텀, 낮은 변동성, 높은 배당, 혼합·퀀트 특정 요소를 활용해 만든 지수다.

전 세계적으로 보면 스마트베타 전략은 2006년부터 2017년까지 7배 가까운 성장세를 보이면서 ETF 운용사의 먹거리가 되었다. 미국 ETF 시장에서는 스마트베타 ETF 비중이 약 23%로 전체 시장의 1/4을 차지하고 있다.

표10 ◆ 스마트베타 시장규모(단위: 백만달러)

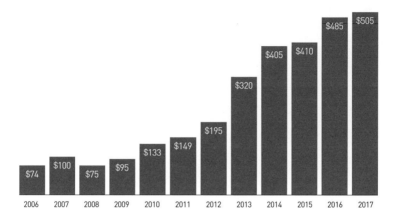

자료: 블룸버그

표11 ◆ 스마트베타 전략

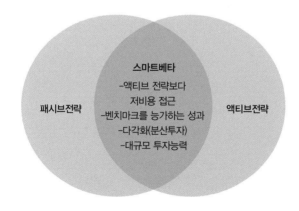

자료: 블룸버그

스마트베타는 '전략적베타'라고 하며. ETF는 내재가치(가치·성장), 수익성, 높은 배당, 낮은 변동성, 혼합·퀀트 총 6가지 특정성향으로 주식만 골라서 편입한다.

스마트베타에서 '베타'란 전반적인 금융 시장의 움직임에서 오는 수익률을 추구하는 패시브 전략을 말하며, '알파'는 매니저의 적극적인 운용전략인 종목 선택, 매매 타이밍 등을 활용해서 시장을 웃도는 성과를 내는 액티브 전략을 말한다. 즉, 스마트베타는 패시브와 액티브가 혼합된 전략을 의미한다. 일반적으로 알파 상품은 매니저의 역량이 가미된다.

초기 ETF는 주식 시장에 상장하면서 생겨났기 때문에 시장을 추종하는 베타수익 추구가 일반적이었고 이에 따라 보수도 저렴한했다. 최근에는 ETF의 강점인 저비용을 유지하면서 알파 요소를 플러스한 ETF 상품들이 많이 등장해 눈길을 끈다.

액티브펀드의 경우 성과에 비해 지나치게 높은 비용을 부담해야 하는 단점이 있다. 시가총액 가중방식으로 구성되는 전통적인 패시브펀드의 경우 비용 부담은 적지만 다양성이 부족해 투자기회가 제한적이라는 단점이 있다. 하지만 스마트베타 ETF는 액티브펀드와 패시브펀드의 장점을 가져와 차별화된 전략을 가진다.

스마트베타 ETF 시장은 국내외를 막론하고 계속 성장해나갈 것으로 전망된다. 단순히 시장규모만 커지는 것이 아니라 다양한 종류의 상품이 등장하고 서로 경쟁하면서 질적으로도 진화해나갈 것이다. 스마트베타 ETF 시장의 성장으로 인해 투자자들은 유동성

표12 ◆ 스마트베타 전략 및 내용

전략	내용
가치	기업의 가치보다 저평가된 종목에 투자
성장	기업의 수익성이 높은 종목에 투자
배당	기업의 배당을 주요지표로 종목 선정해 투자
변동성	기업의 주가변동성을 주요지표로 낮은 변동성 종목에 투자
혼합·퀀트	다양한 전략 혼합형 또는 퀀트 기반 종목 투자

이 풍부한 주식 및 채권시장에서 다양한 대안요인에 손쉽게 분산 투자를 할 수 있으며, 개개인의 성향에 적합하도록 보다 세분화된 포트폴리오도 구성할 수 있게 될 것이다.

스마트베타 ETF 종목 중 MTUM ETF

현재 운용자금 약 100억 달러로 기술주 종목 위주로 구성된 스마트베타 ETF 상품이다. 과거 6~12개월간 주가상승 및 과거 3년간의 낮은 변동성에 기초를 두고 시가총액으로 고려해 선택된 미국 중대형 주식지수를 추종한다.

전체 주식수 126개로 구성되며, 상위 15개 비중이 52.42%다. 시가총액 기준 상위 4개인 MAGA가 모두 포함된 점이 특징이며, 시장 방어력이 뛰어나며 대표적인 배당성장주 JNJ, 자동차 시총 1위 TSLA, 언택트 종목인 ADBE, NFLX 등이 상위로 구성되어 있다. 기술주가 23% 이상 높은 비중을 차지하고 있다.

표13 ◆ 편입종목

순위	티커	기업명	비중
1	AAPL	Apple Inc	5.34%
2	MSFT	Microsoft Corp	5.10%
3	AMZN	Amazon.com Inc	4.87%
4	JNJ	Johnson&Johnson	4.80%
5	UNH	UnitedHealth Group Inc	4.31%
6	NFLX	Netflix Inc	3.83%
7	NVNA	NVIDIA Corp	3.66%
8	INTC	Intel Corp	3.30%
9	ADBE	Adobe Inc	2.90%
10	LLY	Eli Lilly and Co	2.76%
11	GOOG	Alphabet Inc	2.73%
12	GOOGL	Alphabet Inc	2.61%
13	TSLA	Teia Inc	2.20%
14	BMY	Bristol-Myers Squibb Co	2.17%
15	AMGN	Amgen Inc	1.84%
Top 15 비중 합계			52.42%

자료: 네이버 카페 미국주식에 미치다

그림2 ◆ 투자대상 섹터

MTUM Top 10 Sectors

▌ Technology	23.35%	▌ Healthcare	10.82%
▌ Financials	15.75%	▌ Consumer Non-Cycli...	6.48%
▌ Utilities	12.29%	▌ Telecommunications ...	4.44%
▌ Industrials	11.33%	▌ Basic Materials	3.85%
▌ Consumer Cyclicals	10.84%		

자료: ETF.COM

표14 ◆ 수익률 및 벤치마크 대비 성과

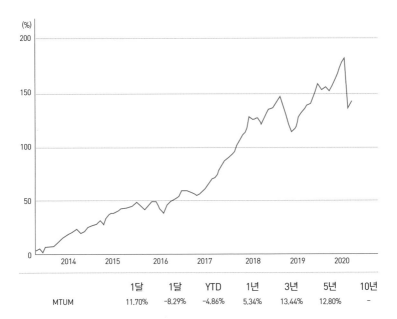

	1달	1달	YTD	1년	3년	5년	10년
MTUM	11.70%	-8.29%	-4.86%	5.34%	13.44%	12.80%	-

자료: ETF.COM

그림3 ◆ SPY 요약

	MTUM	SPY
Start date:	04/18/2013	04/18/2013
End date:	05/01/2020	05/01/2020
Start price/share:	$50.92	$154.14
End price/share:	$116.03	$282.79
Starting shares:	196.39	64.88
Ending shares:	215.09	74.61
Dividends reinvested/share:	$7.84	$32.17
Total return:	149.56%	110.99%
Average Annual Total Return:	13.87%	11.19%
Starting investment:	$10,000.00	$10,000.00
Ending investment:	$24,956.49	$21,103.44
Years:	7.04	7.04

Growth of $10,000.00
With Dividends Reinvested

$30000.0
$27500.0
$25000.0 ········ $24,956.49
$22500.0
$20000.0 ········ $21,103.44
$17500.0
$15000.0
$12500.0
$10000.0
$7500.0

04/18/2013   05/01/2020

TickerTech.com May 2, 2020

자료: 네이버 카페 미국주식에 미치다

2013년 4월 상장 이후 2020년 4월 말까지 누적 수익률은 126% 이며, 연평균 수익률은 12.8%다. 배당금이 재투자하면서 시장 대비 초과성과를 보였다.

스마트베타 ETF 종목명 중 MOAT ETF

MOAT ETF는 기술, 헬스케어, 금융, 소비재 등으로 균형 있게 분배되고, 종목수를 50종목 내외로 유지하고 있는 동일가중 포트폴리오 스마트베타 ETF다. 동일가중 방식은 각 종목별로 균등한 비중을 구성하는 것을 말하고, 분기별 리밸런싱을 통해 종목 교체나 비중을 조절한다.

상위 10종목을 보면 Veeva System, ServiceNOW, salesforces .com 등 데이터 클라우드 관련 주식과 아마존, 페이스북, 인텔 등 IT 주식 기술주, 길리어드 사이언스, 바이오젠 등 헬스케어 바이오

그림4 ◆ 투자대상 섹터

MOAT Top 10 Sectors

Technology	21.50%	Consumer Cyclicals	10.22%
Healthcare	18.69%	Energy	2.71%
Financials	16.66%	Basic Materials	2.45%
Consumer Non-Cycli...	13.61%	Utilities	1.18%
Industrials	12.98%		

자료: ETF.COM

그림5 ◆ 종목 구성

MOAT Top 10 Holdings [View All]

salesforce.com, inc.	3.28%	Microchip Technolog...	2.78%
ServiceNow, Inc.	3.01%	Medtronic Plc	2.64%
Caterpillar Inc.	2.91%	Berkshire Hathaway ...	2.63%
Zimmer Biomet Hold...	2.78%	Boeing Company	2.63%
Constellation Brands...	2.78%	Cheniere Energy, Inc.	2.61%

자료: ETF.COM

제약주 종목으로 랭크되어 있다.

최근 3년간 가장 큰 상승을 보였던 나스닥100지수를 추종하는 'QQQ'에 비해서는 수익률이 떨어지지만 나스닥을 제외하면 가장 좋은 성적을 거두었다.

MOAT ETF는 버크셔 해서웨이와 비교해 최근 5년간 상대적으로 성과가 우수했다. 국내의 비슷한 ETF가 바로 'KINDEX 미국 Wide Moat 가치주' ETF다(표16).

추종지수인 'Moningstar Wide Focus Index' 자체가 워낙 좋은

표15 ◆ 수익률

| ─ VANECK VECTORS/MORNINGSTAR WIDE MO | 47.84 USD | 53.90% ↑ |
| ─ Berkshire Hathaway Inc. Class A | 253,500.75 USD | 18.02% ↑ |

3개월　　6개월　　YTD　　1년　　5년　　최대

자료: 네이버 블로그 gfyuna

표16 ◆ MOAT와 KINDEX WideMoat 가치주 비교

구분	MOAT	KINDEX 미국 WideMoat 가치주
운용사/브랜드	VanEck	한국투자신탁운용
펀드 시작일	2012/04/25	2018/10/23
운용자산	$2,918(3조 5천억 원)	130억 원
운용수수료(TER)	0.49%	1.01%
분배금	1.5%(연배당)	배당금 재투자

자료: 네이버 블로그 gfyuna

성적을 내고 있어 실제 수익률도 2020년 5월 말 기준 국내 상장된
미국 주식 ETF 중에서 'TIGER 미국 나스닥100'을 제외하면 가장
최상위 성적을 보여준다.

06

기타 ETF 투자전략

지금까지 ETF의 다양한 투자전략을 알아보았다. 이번에는 앞서 언급한 전략 외 투자자들이 관심을 가질 만한 전략을 소개한다. 자신의 성향에 적합한 투자전략을 찾아보자.

··· Plug & Play 전략 ···

특정 섹터 및 시장에 대한 긍정적인 전망을 가지고 있으나 개별종목 선정에 대한 어려움이 있을 경우, 개별종목 선정 전 먼저 섹터

표17 ◆ Plug & Play 전략

개별종목 선정 전 섹터 비중에 따라 ETF 투자

섹터 ETF

개별종목 선정 후 종목으로 변경

선정된 개별 종목 선정된 개별 종목 선정된 개별 종목 선정된 개별 종목 선정된 개별 종목

자료: 미래에셋자산운용

비중에 따라 ETF에 투자한 다음 실적 개선이 가시화되는 시점에서 시장 내에 저평가 종목 또는 주도 종목을 선정 후 해당 종목으로 변경하는 전략을 Plug & Play 전략이라고 한다. Plug에는 섹터 ETF를, 저평가 또는 주도 종목에는 Play 전략을 구사하는 것이다.

투자자의 예측치와 다르게 섹터 및 시장이 다르게 움직여도, 개별종목에 직접 투자하는 것에 비해 ETF 고유의 분산투자 효과 덕분에 유리하다.

··· 차익거래 전략 ···

차익거래란 2가지 동일한 자산 중에 상대적으로 가격이 싼 자산을 매수하고 상대적으로 비싼 자산을 매도한 후 이와 같은 상대적인 가격 차가 없어질 경우 매수자산을 매도하고 매도자산을 매수해 두 자산 간의 차이를 이익으로 확보하는 방법이다. 기존의 차익거래는 주식과 선물·옵션 간의 차익거래라는 2가지 축으로 이루어졌으나 ETF가 거래될 경우 ETF와 주식과 선물·옵션 간의 3가지 축으로 차익거래가 이루어질 수 있어 훨씬 다양한 차익거래 전략이 가능하다.

표18 ◆ 차익거래 전략

ETF 저평가 시 차익거래 전략

ETF 고평가 시 차익거래 전략

자료: 미래에셋자산운용

··· 선물투자 대안 전략 ···

레버리지 및 인버스 ETF 등 신종 ETF를 이용해 대안적인 선물 투자전략을 구사할 수 있다. 선물 거래 시 나타나는 롤오버 리스크 (Roll Over-Risk)를 기피하는 투자자, 일마다 세밀한 조정이 필요한 투자자, 적은 단위의 계약을 추종하는 투자자를 위한 대안으로 제시될 수 있다.

표19 ◆ ETF와 선물 비교

구분	ETF	선물
만기일	만기일 없음	만기일 있음
융통성	융통성 풍부(유동성공급업자) 발행시장	만기일이 될수록 유동성 풍부
Roll over	NO Roll Over	Roll Over Rik
최소투자	1주 단위 세밀한 조정 가능	위험액 기준으로 큼
증거금	주식과 동일	개시 증거금 유지증거금 마진콜
상품 구분	현물	선물

자료: 미래에셋자산운용

··· 채권 ETF 투자전략 ···

특정 채권지수를 추종하는 채권 ETF는 다양한 만기의 채권들로 구성되어 있으며, 일정한 듀레이션을 유지하기 위해 주기적으로 구성종목을 리밸런싱한다. 채권 ETF의 특징 중 하나는 채권 ETF가 한국거래소에 상장되어 거래되기 때문에, 장내 거래를 통해 장외 시장 상품인 채권에 대한 투자 효과를 누릴 수 있다.

- 채권의 특징 1: 낮은 변동성, 다른 움직임

채권 ETF는 주식보다 변동성이 낮고, 가격의 움직임도 주식과 다른 형태를 보인다. 그렇기 때문에 포트폴리오에 안정성을 더한다.

- 채권의 특징 2: 지속적인 현금흐름(이자수익)

채권 ETF는 기초자산인 채권의 이자를 정기적으로 분배한다. 이자수 익률과 지급시기는 기초자산을 이루는 채권에 따라 정해져 있다. 이 때문에 정기적인 현금흐름을 필요로 하는 투자자에게 적합하다.

- 상장상품으로서의 특징 1: 만기가 없음

채권 ETF는 일정한 듀레이션을 유지하기 위해 정기적으로 기초자산 을 근월물로 교체한다. 그러므로 채권과 달리 만기가 없다.

- 상장상품으로서의 특징 2: 가격변동성(원금손실 가능성)

채권 ETF는 거래소에서 거래되며, 수요와 공급, 금리, 정책 등에 영 향을 받기 때문에 가격은 지속적으로 변한다. 채권 투자자들은 채권 만기에 채권의 액면가격을 회수하지만, 채권 ETF의 경우 계속해서 가격변화에 노출되어 있다. 채권 ETF는 만기가 없어 매도시점에 투 자원금손실 위험에 노출되어 있다.

- 펀드 특징: 분산투자

채권 ETF는 3개 이상의 종목으로 구성되어 있으며, 단일 종목에 대한 비중이 제한되어 있다. 단일 상품으로 단일한 특징과 움직임을 보이는 주식이나 채권과는 달리 ETF의 특징과 움직임은 ETF를 구성하는 다양한 기초자산의 특징과 움직임을 반영한다.

··· 연령별 배분전략 ···

연령에 맞게 ETF를 구성하는 전략이다.

30대의 경우 경제생활을 할 수 있는 기간이 50대보다 상대적으로 길기 때문에 장기투자가 가능하다. 지출 조절이 어느 정도 가능한 연령이기 때문에 장기투자를 고려해 채권형 ETF 30%, 주식형 ETF 70%의 비율로 투자한다.

40대의 경우 자녀들의 교육, 주택 등 고정 지출이 증가하고, 경제생활 지속 기간이 30대보다는 짧기 때문에 변동성이 높은 주식자산의 비중을 축소해서 채권형 ETF 50%, 주식형 ETF 50%의 비율로 투자한다.

50대의 경우 경제생활 지속 기간이 급격하게 짧아지고, 수입이 지출보다 적어지기 때문에 보수적인 포트폴리오 구성이 필수다. 이에 맞춰 채권형 ETF 70%, 주식형 ETF 30% 비율로 투자한다.

삼성자산운용의 '삼성 ETF TDF(간접투자상품)'를 보자. ETF를 기초자산으로 투자자의 은퇴시점을 타깃데이트로 정하고, 사전에 정한 생애주기에 맞추어 자동 자산배분 프로그램에 따라 포트폴리오를 조정하는 자산배분 펀드다. 가입자의 생애주기를 반영한 프로그램에 따라 전략적으로 자산별 투자 비중이 자동으로 조절되는 특징이 있어, 퇴직연금 투자자에게 맞춤형인 상품이다. 이는 펀드가 ETF를 기초자산으로 편입하는 재간접펀드 형태다. ETF를 직접 투자하는 게 아닌 펀드 상품을 통한 간접투자상품이다.

삼성 ETF TDF의 포트폴리오(자산구성)에서는 'TDF2055' 이상은 위험자산(주식) 비중을 최대 80%로 구성하고, 목표시점 이후에는 40% 미만으로 조정해서 구성한다. 세부적으로 KODEX, iShares, Vangard 등 국내외 대표 ETF를 활용해 선진국과 신흥국 주식, 글로벌 채권, 대체자산 등에 투자해 안정적인 자산배분 성과를 추구한다.

표20 ◆ 연령별 자산배분 전략

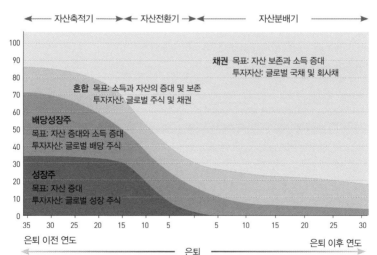

자료: 삼성자산운용

··· 커버드콜 ETF ···

커버드콜 ETF는 주가지수를 따라 움직이는 기존 평범한 펀드에 콜옵션 매도를 추가한 구조다. 커버드콜의 손익구조는 어떻게 될까? 주가지수가 상승하면 커버드콜 ETF도 상승하게 된다. 하지만 주가지수와 똑같이 올라가지 않는다. 주가지수가 10% 상승하면 커버드콜은 콜옵션 매도를 하고 주가지수가 상승할수록 그만큼 손실을 반영하기 때문이다. 반대로 주가지수가 하락한다면 커버드콜 ETF도 주가지수와 비슷한 수준으로 하락한다.

커버드콜은 주가지수가 상승하는 구간에 불리할 수밖에 없는 구조다. 하지만 증시가 현 수준에 머물러 있거나 하락할 것으로 예상되었을 때는 커버드콜 ETF가 훌륭한 대안이다. 왜냐하면 커

그림6 ◆ QYLD

QYLD - Global X Funds - Global X NASDAQ 100 Covered Call ETF

20.60 ▼ -0.30 (-1.44%)

NASDAQ | 4:00 PM 5/26/20 Close

Summary   Holdings   Ratings   Key Data   Dividends   Momentum   Peers

Dividend Scorecard | Dividend Yield | Yield on Cost | Dividend Growth | Dividend History | Dividend News

Dividend Summary

DIVIDEND YIELD (TTM)	ANNUAL PAYOUT (TTM)	PAYOUT RATIO	5 YEAR GROWTH RATE	DIVIDEND GROWTH
11.36%	$2.34	N/A	-	1 Years

Last Announced Dividend

AMOUNT	DECLARE DATE	EX-DIVIDEND DATE	RECORD DATE	PAYOUT DATE	DIVIDEND FREQUENCY
$0.2092	06/19/2020	06/22/2020	06/23/2020	06/30/2020	Monthly

자료: investing.com

버드콜의 투자 목적은 분배금 수익이기 때문이다. 이러한 투자를
INCOME(인컴)이라고 한다. 투자한 자산의 가격 상승 목적이 아닌
자산에서 발생하는 꾸준히 발생하는 배당금을 받는 투자전략이다.

표21 ◆ QYLD 배당수익률 및 적립식 전략*

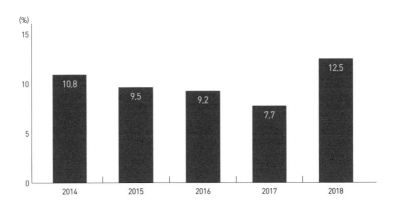

*S&P500, 밸류에이션에 따라 투자금액을 조절하는 적립식 투자

자료: 네이버 블로그 yjs4479

QYLD 커버드콜 ETF는 매달 혹은 매분기 주식이나 채권보다 높은 배당을 지급한다. 커버드콜 ETF 투자에서는 배당을 받으면서 주가하락에 따른 손실 위험을 줄이는 것이다.

📝 기사로 ETF 읽기 3

원유 파생상품 뭉칫돈…괴리율 주의해야
미 원유 생산기업 ETF는 장기투자로 접근

매경이코노미, 2020년 4월 17일

 news.mk.co.kr/v2/economy/view.php?year=2020&no=403
113

이 기사는 원유선물을 기초자산으로 하는 파생상품 투자에 경각심을 불러일으킨다. 원유는 현물이 아닌 선물거래로 이루어진다. 원유를 현물로 사게 되면 보관할 장소가 마땅히 없기 때문에 현물이 아닌 선물로 거래하는 것이다.

원유 ETF는 NYMEX(New York Mercantile Exchange, 뉴욕상업거래소)에서 거래되는 원자재선물 중에서 WTI 원유선물(NYMEX Light CrudeSweet Oil Futures, 이하 WTI 원유선물) 가격을 기초로 하는 S&P GSCI CrudeOil Index Excess Return을 기초지수로 해서 1좌당 순자산가치의 변동률을 기초지수의 변동률과 유사하도록 만든 상품이다. 즉, 선물지수를 기초로 하는 ETF다.

코로나19와 OPEC 및 비OPEC 국가들의 산유량 감산 이슈 분쟁으로 인해 유가가 급락하면서, 많은 투자자들이 ETF와 ETN에 관심을 가졌다. 지난 2월 코로나19로 인해 원유 최대 수입국인 중국의 수요가 위축되어 불안감으로 작용하고, 사우디아라비아와 러시아 간 치킨게임으로 원유 분쟁이 이루어지면서 국제유가가 급락세를 보였다. 매수자가 전무한 상황이 이어지다 보니 기존 보관해 둔 원유 재고물량이 소진되지 않았고, 원유탱크의 원유는 가득 차 있는 상태에서, 설상가상으로 원유 운반선이 원유를 보관한 채 움직이지 않다 보니 공급과잉으로 인해 국제유가가 급락한 것이다.

여기서 문제가 발생했다. 앞서 투자지표에서 괴리율 설명을 기억해보자. 기초자산의 순자산가치(NAV)와 시장가격 간의 차이가 생기면 괴리율이 발생한다고 이야기했다. 플러스인 경우에는 현재 가격이 순자산가치보다 고평가된 것이고, 마이너스인 경우에는 그 반대다.

지난 4월 원유 ETF는 장중 최대 90%의 괴리율이 발생했다. 3월 초부터 WTI 선물가격이 급락하자 관련 순자산가치가 크게 떨어졌다. 그러나 원유 ETF 가격은 순자산가치보다 90%가 높게 평가되었다.

보통의 한국 시장 장 종료 후 해외 상품의 시세를 반영하지 못했을 때, 보수 및 분배금이 시장가격에 반영하지 못했을 때, 유동성공급업자가 유동성을 공급하지 못했을 때 순자산가치와 시장가격 간의 괴리율이 발생한다.

지난 4월 괴리율은 국제유가 폭락을 ETF가 순자산가치를 반영하지 못하면서 발생한 것이다. 결국 시장가격과 순자산가치가 크게 떨어지면서 비정상적으로 높은 수준에서 형성되어 대규모 잠재적 손실위험이 발생하게 된 것이다. 유가 급락 시 만기가 긴 원유선물 가격이 상대적으로 높게 형성되는 현상을 '콘탱고'라고 한다.

그림7 ◆ WTI 원유 일간차트

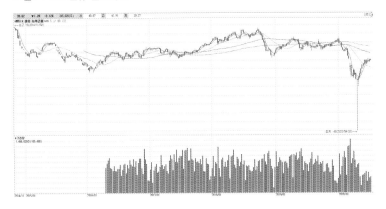

지난 4월 20일 WTI는 배럴당 10.77달러로, 1998년 아시아 외환위기 이후 가장 낮은 수준에서 거래되었다. 근월물 가격이 가파르게 추락한 데 따라 6월 인도분 대비 스프레드(괴리율)가 역대 최고치로 상승한 것이다. 그만큼 근월물이 원월물 대비 크게 저평가되었다는 의미다.

보통은 근월물 가격이 차근월물보다 높은 백워데이션 상태가 되었을 때 롤오버 비용이 줄어든다. 투자자 입장에서는 롤오버 비용이 부담되기 때문에 만기가 긴 원유선물을 매수하는 데 부담을 가진다. 또한 원유선물은 1개월마다 만기가 오기 때문에 짧은 만기로 인해 원유선물을 매수하는 것을 부담스러워한다. 평상시에는 적정한 콘탱고 현상이 정상이지만, 코로나19로 인해 원유수입 업체인 정유업, 항공업, 제조업 등 수요가 없을 것이라는 불안감에 원유가격 하락에 대한 위험으로 매수를 안 하게 된다. 그렇게 되면 잠재적 매수 수요가 제로가 되고, 마이너스 유가가 될 수 있는 것이다. 마이너스 유가는 원유 생산업자가 돈을 줄 테니 기름을 사라는 꼴이다.

이렇게 괴리율이 크게 폭등했는데도 유가 반등을 기대하는 투자자가 대거 몰려 피해가 예상될 수 있어 금융당국에서는 소비자 경보를 발령했다. 여기서 꼭 알아두어야 할 것은 괴리율이 크게 높아졌을 때, 즉 '시장가격 > NAV' 간에 차이가 벌어지게 될 때 "ETF 투자를 조심해야 한다"는 것이다.

이번에는 ETF의 투자위험에 대해 알아보겠다. 모든 투자에는 위험이 있듯이, ETF 투자에도 위험이 상존한다. 기초자산의 가격 변동위험, 기초자산과 가격괴리 위험, 기초지수의 추적오차 위험, 신용위험, 환율변동 위험 등 ETF 투자에서의 고유위험들이 존재한다. 투자를 시작하기 전에 위험의 종류와 내용을 깊이 있게 공부해보자.

PART 4

수익을 높이는
ETF 위험 관리

01

기초자산가격 변동위험 관리

ETF는 적은 비용으로 효과적인 분산투자를 가능하게 해준다. 하지만 은행의 예금처럼 원금을 보장해주는 상품이 아니다. 기초지수의 움직임에 연동되도록 설계된 인덱스형 상품이기 때문이다. 만약 투자하는 ETF의 기초지수가 하락하면 원금손실이 발생할 수 있다.

물론 지수 구성종목에 분산투자하기 때문에 개별주식 투자에 비해 기업 자체의 위험은 줄일 수 있지만, 시장 전체의 변동에 따른 지수 하락은 피할 수 없다. 이를 체계적 위험이라고 한다.

체계적 위험과 비체계적 위험

주식 위험을 크게 분산 가능한 위험과 분산 불가능한 위험으로 분류할 수 있는데, 분산투자를 통해 제거할 수 없는 위험을 체계적 위험이라고 한다. 체계적 위험은 시장 전체의 변동위험으로, 시장 전체에 영향을 미치는 요인은 경기변동, 인플레이션, 경상수지, 예상치 못한 사회·정치 상황, 외국 정부의 조치 및 세제의 변경, 금리, 환율 등 거시적 변수율이다.

개별기업에 대한 리스크는 '분산 가능 위험=비체계적 위험'이라고 한다. 다음 표1을 보면 조금 더 쉽게 이해할 수 있을 것이다.

표1 ◆ 주식 시장의 체계적 위험과 비체계적 위험

구분	체계적 위험	비체계적 위험
정의	국가 전체에 미치는 이자율, 환율	개별기업의 위험
대비책	장기투자로 인내하는 것	여러 주식에 분산투자
사례	위환위기 및 9·11테러 등	기업 총수 구속, 경영권 분쟁 등

자료: 네이버 블로그 gurdyd0927

총위험

다음 페이지의 표2에서 보듯이 구성자산의 수를 늘리면 비체계적 위험을 줄이게 되고 결국 시장위험인 체계적 위험만 남는 것이다. ETF의 분산투자 효과가 비체계적 위험을 줄일 수 있다.

표2 ◆ 포트폴리오 위험

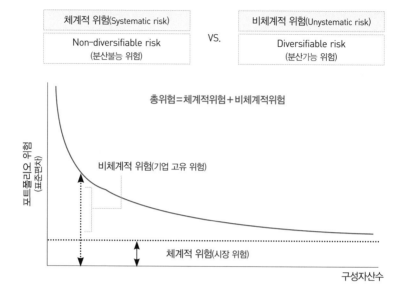

자료: 네이버 블로그 tkdska3

다시 ETF의 가격변동으로 넘어와서 이야기하면, 결국 체계적 위험은 가지고 가야 하기 때문에 시장 전체의 변동에 따른 지수 하락 위험은 피할 수 없다. 펀드매니저는 기초자산 가격 하락을 예상하고 손실을 차단하기 위한 매매에 적극적으로 임하지 않는다. ETF는 수익과 손실은 기초지수의 움직임에 연동되어 지수의 하락에 따라 손실이 발생하기 때문이다.

따라서 기초자산의 변동이 발생하게 되면 투자금액의 전부 또는 일부에 대한 손실의 위험이 발생할 수 있으니 주의해야 한다.

02

가격괴리 위험 관리

과거 2015년 7월 중국 A주 ETF에서 괴리율이 크게 확대되었다. 중국 시장과 시차, 중국본토 주식의 낮은 접근성 때문에 확대된 것이었다. 당시 한국은 장 종료가 3시였고, 중국은 4시였다. 그런데 3시와 4시 사이, 이 한 시간 사이의 주가 변동이 매우 커서 괴리율이 크게 발생했다.

두 번째로 중국 A주는 다른 나라의 주식과 달리 특정 가격을 부여받은 기관 '적격외국기관투자자(QFII)'의 정해진 금액 범위 안에서 투자가 가능하도록 규제를 받고 있었다. 그렇기 때문에 유동성공급업자(LP)가 호가를 제출하면 그에 따른 위험을 헤지하기 위해 기초자산을 거래해야 하는데, 유동성공급업자가 A주 거래가격을 부여받지 못했거나 사전에 허락받은 투자금액을 모두 소진하면서 거래가 불가능하게 되었고 괴리율이 발생했다.

파트 2에서 투자지표 관련해 언급했듯이 ETF의 시장가격은 순자산가치(NAV)와 최대 근접해 있는 것이 좋다. 가격괴리 위험은 ETF의 유동성과 관련된 위험으로 적정가격보다 비싸게 사거나 싸게 팔 위험을 말한다. 주식의 유동성이 너무 낮으면 매매 자체가 불가능할 수도 있지만, ETF는 유동성공급업자가 있어 매매 자체가 불가능한 경우는 거의 없다.

다만 아무리 적극적인 유동성공급업자라도 스스로 손해를 보면서까지 호가스프레드를 줄이거나 투자자가 원하는 수준의 호가를 제시할 수는 없다. 만약 호가스프레드가 확대되었을 때 헤지거래를 원활하게 수행하기 어렵다. 따라서 유동성이 낮은 종목은 적정가격보다 다소 비싸게 사거나 싸게 팔아야 할 위험에 노출될 수 있는 것이다.

또한 ETF 증권에 신속한 추가공급이 지연되어 가격괴리가 발생할 수도 있다. ETF의 추가발행은 증권회사만 할 수 있기 때문에 시기적절하게 증권을 공급해야 가격괴리 위험을 줄일 수 있다. 거래가 급증해 유동성공급업자가 보유한 ETF 증권을 모두 매도한 경우 더 이상의 매도호가를 제시할 수 없어 일시적으로 가격이 비정상적으로 높게 나타날 수 있다.

쉽게 풀이하면 창고에 재고가 있어야 창고를 개방해 물건을 소비자에게 방출할 수 있듯이, ETF 증권도 유동성공급업자가 물량을 가지고 있어야 투자자에게 매도해서 건네줄 수 있는 것이다. 만약 유동성공급업자가 없는 경우 유동성공급업자 교체 기준에 해당하게 된 날부터 1개월 이내에 다른 유동성공급업자와 계약을 체결하지 않는 경우 상장폐지 기준에 부합된다는 것도 주의해야 한다.

이 외에 해외자산을 기초로 하는 ETF는 해외 시장과 국내 증권 시장 간의 시차, 정규 시장 운영시간, 가격제한폭의 차이가 있기에 가격괴리의 원인이 될 수 있다. 국내 증권 시장 종료시간보다 해외 기초자산의 정규 시장 종료시간이 늦는 경우 ETF의 시장가격은 정규시장 종료 후에는 변동이 없지만, 해외 시장의 기초자산 가격은 변할 수 있는 것이다.

따라서 이 기초자산 종가가 반영된 최종 순자산가치와 기초자산 가격은 변할 수 있다. 결국 순자산가치와 시장가격은 차이가 있을 수 있다. 2020년 4월 시차로 인해 원유선물 ETF에서 가격괴리 위험이 발생한 것도 순자산가치와 기초자산 가격괴리로 볼 수 있다.

한국거래소는 괴리율이 일정 수준을 초과한 경우 그 사실을 공시해 투자자에게 위험을 알리고 있다. 괴리율 확대 시 유동성공급업자 교체 요구, 유동성공급업자 평가제도 등 시장관리를 통해 괴리율이 일정 수준 이내에서 유지되도록 하고 있다.

그림1 ◆ KODEX 기초자산 가격과 순자산가치(NAV) 간의 괴리율

'기초자산가격 > 순자산가치'이면 '고평가=할증'되어 있는 것이다. 기초자산가격이 내려갈 가능성이 크다.

$$괴리율(\%)=[기초자산의\ 가격(종가)-실시간\ 순자산가치(iNAV)]\times100$$

그림2 ◆ 국내 대표지수 ETF의 괴리율

	종목명	종가	대비	대비(%)	거래량	iNAV	추적오차율	괴리율
편	KODEX 200	32,280 ▲	250	+0.78	8,058,212	32,381.36	0.59	-0.31
편	KOSEF 200	32,510 ▲	255	+0.79	75,060	32,592.89	0.43	-0.25
편	TIGER 200	32,295 ▲	255	+0.80	3,032,229	32,382.64	0.62	-0.27
편	KINDEX 200	32,345 ▲	250	+0.78	427,036	32,434.60	0.44	-0.28
편	TREX 200	32,520 ▲	250	+0.77	34	32,590.70	1.00	-0.22
편	KODEX 레버리지	15,930 ▲	245	+1.56	46,792,341	16,005.06	5.80	-0.47
편	TIGER 레버리지	14,965 ▲	215	+1.46	597,832	15,001.35	5.61	-0.24
편	KBSTAR 200	32,325 ▲	250	+0.78	606,512	32,424.89	0.47	-0.31
편	ARIRANG 200	32,450 ▲	250	+0.78	305,631	32,556.78	0.46	-0.33
편	KINDEX 레버리지	6,275 ▲	120	+1.95	184,871	6,277.21	5.40	-0.04
편	파워 200	32,870 ▲	285	+0.87	55,654	32,950.68	0.46	-0.25
편	HANARO 200	32,315 ▲	265	+0.83	196,608	32,402.57	0.53	-0.27

대표지수 기초자산가격과 순자산가치 간의 마이너스가 발생했다. 이는 '기초자산가격 < 순자산가치'이며 '저평가=할인'된 상태로 가격이 오를 가능성이 크다.

그림3 ◆ 원유 ETF 괴리율 지표 및 차트

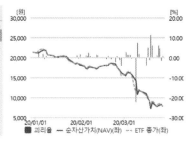

날짜	순자산가치(NAV)	ETF종가	괴리율(%)
2020/03/27	7,714.92	7,780	0.84
2020/03/26	8,225.44	8,080	-1.77
2020/03/25	8,070.09	8,445	4.65
2020/03/24	7,864.86	8,350	6.17
2020/03/23	7,672.24	7,755	1.08
2020/03/20	8,698.06	9,225	6.06
2020/03/19	7,138.86	7,950	11.36

자료: 네이버 금융

2020년 3월 원유 ETF에서 괴리율이 높아졌다. 기초자산가격이 순자산가치보다 높은 '고평가=할증'이 발생한 것이다. 가격이 내릴 가능성이 크다.

03

추적오차 위험 관리

먼저 다음 페이지 표3을 보자. TIGER 차이나A 레버리지(합성) ETF 의 추적오차율이 14% 이상 나타났다. 과거 CSI300지수를 기초지 수로 일간수익률의 두 배를 추종하는 것을 목표로 하는 ETF가 추 적오차율이 커지면서 기초지수인 CSI300의 수익률을 제대로 반영 하지 못했다.

추적오차 위험은 ETF의 순자산가치가 기초지수의 성과를 추적 하는 데 어느정도의 오차가 있는지 보여주는 지표다. 추적오차가 적다는 것은 자산운용사가 운용을 잘했다는 뜻이다.

운용하는 ETF에는 추적오차가 거의 99% 이상 발생한다. 추적

표3 ◆ 2016년 중국 ETF 추적오차율

종목명	추적오차율
TIGER 차이나A레버리지(합성)	14.53%
KINDEX 중국본토 CSI300	5.76%
SMART 중국본토 중소형 CSI500(합성)	5.56%
TIGER 차이나A 인버스(합성)	5.06%
TIGER 차이나A300	4.78%
KINDEX 중국본토 레버리지(합성)	4.70%
KODEX 중국본토 A50	3.10%
KStar 중국본토 대형주 CSI100	0.75%

자료: 한국거래소

오차는 주로 기초지수(벤치마크지수)의 구성종목을 그대로 편입하지 않고 일부만 편입(부분복제)하기 때문에 지수 구성종목과 다른 자산을 이용해 발생하고, 자산운용사에서 받는 운용보수 비용 수준이 높은 경우에 주로 발생하게 된다.

이 외에 기초지수 수익을 스왑 계약을 통해 지급받는 합성 ETF의 경우에도 스왑 계약의 수수료, 수익률 정산의 시차 등으로 인해 미미하게 추적오차가 발생한다.

추적오차가 발생하지 않으려면 기초지수 구성종목을 100% 편입(완전복제)하고 비용을 없애야 한다. 완전복제는 편입종목수가 많기 때문에 ETF는 운용사는 운용과정에서 발생하는 매매비용 등 운용의 효율성을 고려해서 복제의 수준을 결정한다. 기초지수가 같

그림4 ◆ TIGER 2차전지테마 ETF와 KODEX 2차전지산업 ETF 비교

[0276] ETF구성종목 — 305540 TIGER 2차전지테마 / 추적지수 1.0x

현재가	12,120	대비	▼ 125 -1.02
순자산총액(억)	3,765	구성종목수	27
LP최소호가수량	0	LP주문가능	가능

전일 과표기준가	10,020.78
전일배당전 과표기준가	0
전일 배당금액	0
과세유형	비과세

종목명	수량	현재가	거래량	비중▽
LG화학	97	705,000	361,882	11.30%
SK이노베이션	372	154,000	697,040	9.47%
에코프로비엠	319	146,000	154,412	7.70%
일진머티리얼	768	49,500	249,145	6.28%
에코프로	641	51,600	645,210	5.47%
솔브레인	141	204,700	88,424	4.77%
엘앤에프	566	40,400	279,904	3.78%
천보	131	153,000	150,568	3.31%
후성	1,670	11,250	3,554,403	3.10%
두산솔루스	379	41,850	338,706	2.62%
피엔티	599	23,150	324,334	2.29%
씨아이에스	1,514	8,690	1,148,334	2.17%

[0276] ETF구성종목 — 305720 KODEX 2차전지산업 / 추적지수 1.0x

현재가	12,535	대비	▼ 115 -0.91
순자산총액(억)	4,289	구성종목수	25
LP최소호가수량	0	LP주문가능	가능

전일 과표기준가	9,944.38
전일배당전 과표기준가	0
전일 배당금액	0
과세유형	비과세

종목명	수량	현재가	거래량	비중▽
LG화학	416	705,000	361,882	23.47%
SK이노베이션	1,197	154,000	697,040	14.75%
에코프로	3,146	51,600	645,210	12.99%
삼성SDI	372	429,500	207,772	12.79%
POSCO	745	185,500	202,517	11.06%
엘앤에프	943	40,400	279,904	3.05%
일진머티리얼	736	49,500	249,145	2.92%
씨아이에스	2,859	8,690	1,148,334	1.99%
피엔티	1,070	23,150	324,334	1.98%
후성	1,483	11,250	3,554,403	1.34%
상아프론테크	257	48,200	210,273	0.99%
디에이테크놀	5,101	1,600	4,410,175	0.65%

은 ETF라도 자산운용사마다 편입하는 기초자산의 수, 종류, 비중 등에서 차이가 약간 있기 때문에 추적오차가 발생한다.

그림4를 보면 미래에셋자산운용(TIGER)과 삼성자산운용(KODEX) 간의 ETF 구성종목수부터 종목명과 비중이 다른 점을 볼 수 있다. ETF 운용사마다 실제 편입종목수가 다르고 비중이 다르기 때문에 추적오차가 발생할 수 있다.

기초지수를 구성하는 종목 대신 가격 흐름이 매우 유사한 자산(대체자산)을 편입하는 ETF도 있다. 코스피200지수를 구성하는 200개 종목을 그대로 담지 않더라도 코스피200 ETF를 담으면 200개 종목을 편입한 효과가 발생한다. 이를 재간접 ETF(ETF of ETFs)라고 한다.

복제의 의미에 대해서 알아보도록 하겠다. 완전복제는 순자산가치가 코스피200이라는 기초지수의 성과를 따라가려면 200개의

종목을 그 지수 내 비중대로 똑같이 ETF 기초자산에 편입해야 한다. 예를 들어 코스피200지수에서 비중이 가장 큰 삼성전자가 지수에서 차지하는 비중이 20%라고 가정 시 ETF 순자산에도 똑같이 20%만큼 편입해야 한다. 만약 삼성전자의 주가가 상승할 것이라고 생각해서 20%를 초과해 편입하는 행위는 하지 않는다. 이는 복제가 아니기 때문이다.

ETF는 딱 기초지수만큼만 성과를 내도록 운용하는 것을 목표로 하는 지수추종형 상품이다. 한국거래소에서는 ETF가 기초지수 성과를 잘 쫓아갈 수 있도록 최소 복제비율을 95% 이상 유지하도록 요구하고 있다. 즉, 부분복제를 하더라도 기초자산으로 편입하지 않을 종목들의 비중 합계가 최대 5%를 넘지 말아야 한다는 의미다. 그렇기 때문에 운용사는 최대한 완전복제에 가깝도록 운용하는 것이다.

추적오차 위험을 표준편차라고 이야기한다. 추적대상지수와 동일한 수익률을 실현함을 투자목적으로 하고, 추적대상지수 구성종목의 부분복제 등에 따른 지수추적 괴리 발생, 거래소 개장시간의 불일치, 시장 수급요인 등 순자산가치와 시장가격 간의 괴리가 발생했을 때 추적대상지수와 동일한 수익률이 실현되지 않을 가능성이 있다. 따라서 수익률과 추적대상지수의 수익률이 동일한 것을 전제로 하는 투자는 당해 추적오차로 인해 예상치 못한 손실이 발생할 수 있다.

또한 추종지수를 산출해 제공하는 기관의 귀책사유로 추적대상지수의 산출이 불가능할 경우, 타 지수 제공기간이나 산출한 추적대상지수를 추종할 수도 있다. 이러한 경우에 추적대상지수 산출기관의 변경에 따라 예상치 못한 추적오차 위험이 확대될 수도 있다. 추적오차율이 낮을수록 운용을 잘한 ETF이고, 높을수록 운용을 못 한 ETF다.

ETF가 지수 구성종목을 그대로 편입하는 완전복제를 하는지 아니면 대체자산 활용을 통해 부분복제를 하는지는 한국거래소 ETF 홈페이지 또는 ETF 운용사 홈페이지를 통해 확인할 수 있다.

04

신용위험 관리

신용위험은 발행회사의 부도 등으로 발행회사에서 받아야 할 금액을 받지 못하는 위험을 말한다. 일반적으로 ETF는 신용위험이 거의 없다.

ETF가 보유하고 있는 자산은 자산운용사의 재산이 아니라 별도의 독립된 자산 보관기관(수탁은행)에 보관되어 있기 때문에 자산운용사가 부도나더라도 운용사의 채권자가 ETF 자산을 처분하거나 하는 일은 발생하지 않는다. ETF 운용사는 투자자에게서 자금을 받아 자산운용을 대신 수행해주고 그에 상응하는 보수를 수취하는 대리인과 같은 역할을 한다.

ETF 시장이 개설된 이래 ETF 운용사가 부도난 사례는 거의 없다. 만약 부도가 난다고 해도 ETF 운용사를 다른 회사가 인수하게 되면 인수하는 회사가 해당 ETF를 운용할 수 있다.

⋯ ETF 상장폐지 ⋯

만약 청산절차를 밟는다면 ETF도 상장폐지 절차를 밟아 평가한 순자산가치대로 계산해 투자금을 지급하게 된다. 여기서 주의할 점은 투자원금이 아니다.

ETF의 상장요건 및 상장폐지 사유는 다음 페이지 표를 보자.

상장폐지가 결정된 경우 한국거래소는 이 사실을 투자자들에게 알리고, 상장이 폐지되기 2거래일 전까지 유동성공급업자가 제시하는 호가로 보유 물량을 매도할 수 있도록 한다. 이를 통해 투자자들이 ETF를 처분할 수 있다.

상장폐지일까지 ETF를 처분하지 못하더라도 해지 상환금, 순자산가치에서 세금, 펀드 보수 등을 차감한 금액을 지급받을 수 있다. 다만 수익률이 마이너스인 상태에서 해당 ETF의 상장이 폐지되었다면 투자자 입장에서는 그 손실이 확정되고, 손실을 만회할 기회를 잃는다.

표4 ◆ ETF 상장요건

구분		요건
규모	자본금	70억 원 이상
	발행주식수	10만 주 이상
유동성	지정판매회사(AP)	1사 이상
	유동성공급업자(LP)	1사 이상
지수 또는 가격 이용 계약		거래소 또는 당해 가격·지수에 관한 법적 권한을 가진 자와 계약 체결

자료: 한국거래소

표5 ◆ 주요 ETF 상장폐지 기준

구분		상장폐지 기준
ETF 전체	상관계수	ETF 1주당 순자산가치의 일간변동률과 ETF 기초지수 일간변동률의 상관계수가 0.9 미만이 되어 3개월간 지속되는 경우
	유동성공급	유동성공급업자가 없는 경우 또는 유동성공급업자 교체기준에 해당하게 된 날에서 1개월 이내에 다른 LP와 계약을 체결하지 않는 경우
	상장 규모	자본금, 순자산총액이 50억 원 미만인 사유로 관리종목으로 지정된 상태에서 다음 반기말에도 해당 사유가 계속되는 경우
	투자자 보호	공익 실현과 투자자 보호를 위해 상장폐지가 필요하다고 거래소가 인정하는 경우
합성 ETF	영업인가	거래상대방의 장외 파생상품 투자매매업 인가가 취소되거나 공신력 있는 금융회사의 지위를 잃은 경우
	신용등급	거래상대방의 신용등급이 투자적격등급에 미달하는 경우
	순자본비율	거래상대방의 순자본비율이 100% 미만으로 3개월간 계속되는 경우
	감사의견 등	거래상대방의 감사의견 부적정, 의견거절, 영업중단, 부도, 자본금 전액잠식, 회생절차 개시 신청, 해산 등에 해당하는 경우

자료: 한국거래소

··· 합성 ETF의 경우 ···

합성(Synthetic) ETF란 자산운용사가 ETF를 직접 운용하는 것이 아니라 특정 거래상대방과 계약을 맺어서 그 거래상대방의 위험 관리 등을 담당하는 것을 말한다. 자산운용을 대신 담당하는 거래상대방이 있고, ETF 내에는 실물자산 대신 이 거래상대방과 맺은 스왑이라는 장외 파생상품 거래계약이 존재한다는 뜻이다. 자산운용사가 직접 기초자산을 운용하기 어려운 경우에 합성 ETF로 상품을 출시할 수 있다.

합성 ETF는 기초지수에서 발생하는 수익을 거래상대방이 지급하는 방식이기에 신용위험이 중요한 이슈다. 만약 기초지수는 수익이 발생했는데 미처 그 수익을 정산받지 못한 상태에서 거래상대방이 부도나면 ETF 투자자는 손실을 입을 수 있다. 그래서 한국거래소는 합성 ETF 거래상대방의 신용위험을 최소화하기 위해 거래상대방의 자격요건을 엄격히 제한하고 있다.

거래상대방의 요건은 위험체계를 구축하고, 담보물을 제공받고, 담보자산을 체계적으로 관리해 거래상대방의 위험을 공시하도록 되어 있다. 신용위험 발생 시 담보자산을 신속히 매각해 피해를 최소화하도록 한다.

표6의 관리종목 지정 관련 공시를 보자. ETF는 신탁원본액 및 순자산총액이 50억 원 미만이면 관리종목 지정사유에 편입된다. 즉, 기초자산 가격이 하락하거나 발행되지 않으면 관리종목에 편입

표6 ◆ ETF 관리종목 지정공시

종목명	삼성 KODEX200 중소형증권상장지수투자신탁[주식]
관리종목 지정일	2020년 7월 1일
관리종목 지정사유	ETF 신탁원본액 및 순자산총액이 50억 원 미만(반기말 현재)
규정조문	유가증권시장상장규정 제115조
기타	관리종목으로 지정된 상태에서 다음 반기말(2020년 12월 말)에도 지정사유가 계속되는 경우 상장폐지

자료: 한국거래소

되는 것이다. 이후 6개월 이내 지정사유가 해지되지 않으면 상장폐지가 된다. 거래가 적거나 순자산총액이 적은 ETF는 투자대상에서 거리를 두어야 한다.

이제 자금공여형과 자금비공여형 합성 ETF를 알아보자.

자금공여형

자금공여형 합성 ETF는 담보를 제공해주는 ETF를 말한다.

예를 들어보자. A와 B라는 친구가 있다. A의 투자수익률이 좋아서 B는 A에게 1억 원을 맡기고, 5% 수익 시 초과성과의 5% 수익금을 지급을 요청했다. 아무리 친구라 할지라도 문제가 발생할 수 있기에 B가 A에게 담보 요청을 했다. A가 동의해 자산인 부동산을 담보로 잡고, B에게서 1억 원을 투자받았다.

여기서 자산운용사는 B고, 스왑 거래상대방은 A가 된다. 자산운용사는 투자자에게서 자금을 받아서 ETF로 돌려주고 거래상대

표7 ◆ 자금공여형 합성 ETF 구조

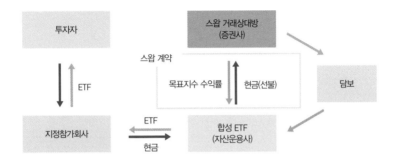

자료: KB자산운용

방 증권사와 스왑 계약을 맺는다. 상대방 증권사는 ETF를 운용하고 얻은 목표수익률을 자산운용사에 돌려준다. 이때 거래상대방 증권사 A가 부도날 수 있어 담보를 거는 것이다. 최대 손해의 95% 정도의 물건을 맡긴다. 여기 지정참가회사 은행은 한 번 더 거칠 수도 있고, 거치지 않을 수도 있다.

자금비공여형

A는 주식 투자를 잘하고, B는 부동산 투자를 잘한다. A는 부동산 전망이 좋을 것 같아 미국 부동산에 투자 관심이 생겼고, B는 부동산 수익률보다는 주식 수익률이 더 높을 것이라 생각해 한국 주식에 투자하고 싶어 한다. 그래서 B는 A 대신 부동산에, A는 B 대신 주식에 투자하고 수익률을 나누어주는 것이다. 이것을 자금 비공여형 ETF라고 한다.

표8 ◆ 자금비공여형 합성 ETF 구조

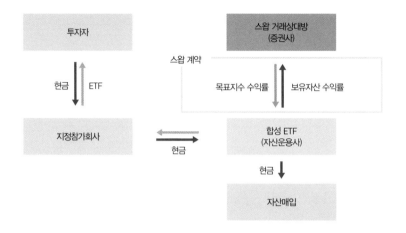

자산운용사는 자신이 가지고 있지 않은 상품(지수)까지 가져가게 되는 것이다. 자산운용사는 투자자들에게서 받은 돈으로 자신들의 상품을 사고 수익률을 얻는다. 그리고 스왑 거래상대방 증권사에게 약속한 수익률을 주고 그 대신 상대방 증권사의 지수(상품)에 대한 수익률을 받는다.

스왑 거래에서는 부동산, 통화, 주식 등 다양한 상품을 취급할 수 있다.

05

환율변동 위험 관리

ETF 종목명에 '(H)'가 붙은 경우 기초자산의 가격은 해당 국가의 통화단위에 기초해 표시되는 반면, 투자자들이 보는 순자산가치는 표시되는 통화가 다르다. 한국에서는 산출된 수치가 원화로 표시된다. 이렇게 원화가 아닌 외국 통화로 표시되는 자산에 투자하는 종목 중 'KODEX S&P500선물(H)'과 같이 환율변동에 따른 위험을 제거한, 즉 환헤지를 실시한 상품을 환헤지형이라고 부른다. TIGER 구리실물과 같이 환헤지를 하지 않은 상품을 환노출형이라고 한다. 이 두 상품은 달러 통화로 거래된다.

환헤지형 상품은 기초자산의 가격변동만 ETF의 가격에 영향을 미치지만 환노출형 상품은 기초자산의 가격변동과 원화의 해당 통화 간 환율변동 모두가 ETF의 가격에 영향을 미친다.

그러나 환헤지형이 환노출형보다 반드시 더 좋다고 말할 수는 없다. 해당 국가의 통화 대비 원화의 가치가 상승하면 환손실이 발생할 수 있지만, 반대로 원화의 가치가 하락하면 환이익이 발생하기 때문에 환노출형이 오히려 더 좋을 수 있다.

2008년 10월 미국발 금융위기 발생 시 미국 달러 대비 원화 환율이 하루 만에 7% 넘게 폭락했다. 이 경우 환노출형 상품에 투자했다면 기초지수의 수익률은 떨어졌지만 달러 가치 상승(원달러 환율 상승)으로 인해 환이익이 발생했다.

다만 환노출형 상품을 투자할 때는 기초지수의 변동과 환율변동을 모두 고려해야 하는 어려움이 있기 때문에 국내 투자자들은 환헤지형을 조금 더 선호한다.

2019년 8월 미중 무역분쟁으로 인해 원달러 환율 상승으로 해외투자 상품의 수익률이 환헤지 상품보다 높았다(다음 페이지 표9 참고). 달러로 투자하는 상품은 환율이 오르면 달러를 원화로 환산했을 때 환율 상승분만큼 이득을 보기 때문이다. 금 상품의 경우도 환노출 상품이 환헤지 상품보다 수익률이 더 좋았다.

그러나 환헤지형 상품이라 해도 외화자산 전체에 대해 100% 정확하게 환헤지를 수행하기는 어렵다. ETF 내 원화자산의 가치가 매일 변하기에 그 수준에 맞게 환헤지 수준을 계속 미세하게 조정하는 것은 어렵다. 또한 환헤지 수준을 자주 조정하면 비용도 많이

표9 ◆ 환율변동에 따른 수익률 차이

원달러환율 2.69% 상승(2019년 7월 31일~8월 7일)			
금융상품	환노출	환헤지	수익률 차이*
삼성 미국 대형 가치주 ETN	-3.53%	-6.35%	2.82%p
레버리지 금 선물 ETN	10.72%	7.92%	2.80%p
미래에셋 미국 시니어론 100 ETN	2.36%	0.28%	2.91%p

원달러환율 3.28% 하락(2019년 5월29일~6월 28일)			
금융상품	환노출	환헤지	수익률 차이*
삼성 미국 대형 가치주 ETN	0.79%	4.33%	-3.54%p
레버리지 금 선물 ETN	17.46%	21.59%	-4.13%p
미래에셋 미국 시니어론 100 ETN	-3.52%	-0.14%	-3.37%p

*수익률 차이=환노출−환헤지

자료: 머니투데이

발생하기 때문에 자산운용사마다 평소에 유지하는 환헤지 수준과 변경 주기가 다를 수 있다.

이처럼 해외 기초자산 ETF에 투자할 때는 해당 통화의 환율변동에 대해서 전망해 그에 맞는 위험관리 전략을 구축해야 한다.

📝 기사로 ETF 읽기 4

"아마존보다 ETF" 진화하는 해외 주식 직구, 미국 주식·신흥국·인컴형 등 증권사 추천 많이 받아

매일경제, 2020년 2월 4일

 www.mk.co.kr/news/economy/view/2020/02/112141/3

미국 온라인 쇼핑몰 매출 IT 1위 공룡기업 하면 아마존이 떠오른다. 마켓플레이스를 통해 한국의 사람들도 직구로 제품을 구매하는 건수가 늘어났다. 이제 ETF도 해외 주식 직구를 통해 미국 주식, 신흥국 주식, 부동산 등 다양한 상품에 투자할 기회가 늘어났다.

 2020년 1월 한국예탁결제원 분석자료를 보면 최근 1년간 해외 주식 거래 상위 10개 종목 중 5개가 해외종목 ETF로 집계되었다. 해외 ETF가 국내 투자자 사이에서 인기몰이를 한 것이다. 2018년 대비 거래량이 2.5배 이상 올랐다. 국내 ETF 거래량을 바짝 추격하는 중이다. 왜 국내 주식 시장 자금이 해외 시장으로 이동하게 된 것일까?

그림5 ◆ 코스피 월봉차트

그림6 ◆ S&P500 월봉차트

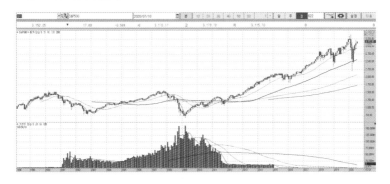

　　코스피지수와 S&P500 월봉차트다. 국내, 해외 ETF의 대표지수
가 코스피200과 S&P500이다. 코스피지수는 2010년부터 10년 동
안 박스권에 갇혀 있었으며, S&P500은 폭발적으로 상승했다. 이
로 인해 해외 주식 투자로 자금이 이동한 것이다.

　　이 와중에 미국 기술주로 구성된 나스닥지수는 역사상 최
고점을 기록하며 거래량이 폭발적으로 증가했다. 미국 기술주

그림7 ◆ 나스닥지수 월봉차트

표10 ◆ 미국 IT 기업 시가총액

미국이 휩쓰는 빅 테크의 가치(단위: 달러, 7월 1일 시가총액)

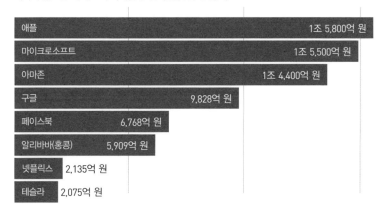

애플	1조 5,800억 원
마이크로소프트	1조 5,500억 원
아마존	1조 4,400억 원
구글	9,828억 원
페이스북	6,768억 원
알리바바(홍콩)	5,909억 원
넷플릭스	2,135억 원
테슬라	2,075억 원

자료: 나스닥, 뉴욕증권거래소, 홍콩증권거래소

FFANG(페이스북, 애플, 아마존, 넷플릭스, 구글)의 성장세로 나스닥지수는 새로운 기록을 세웠다.

미중 무역분쟁, 이란사태, 미EU 무역분쟁, 코로나19, 코리아 디스카운트, 국내 낮은 배당 등 대내외 이슈로 개별주식의 높은 변동성의 부담으로 인해 국내 투자에 매력을 못 느끼는 투자자가 해외 ETF 분산투자를 늘리고 있다.

S&P500, 나스닥지수를 기초자산으로 하는 ETF에 투자하면 높은 성장(매매차익), 고배당, 세금 혜택(양도소득세 기본공제, 금융소득종합 과세대상 제외), 원달러 환율상승 헤지 등 국내 투자에 비해 다양한 투자 효과가 발생한다. 특히 저금리 시대에 인컴은 필수이기 때문에 고정적으로 받을 수 있는 고배당 우선주, 리츠 등 인컴형 자산을 편입한 ETF가 시장 대비 변동성이 낮아 고액 자산가들에게 인기를 끌었다.

이처럼 ETF는 다양한 기초자산으로 구성할 수 있다는 큰 장점이 있기에 직구를 통해 신흥국 ETF, 미국 ETF, 회사채 ETF, 금 ETF 등 주목을 받게 된 것이다.

번에는 자신의 성향에 맞는 적합한 투자상품과 투자전략을 찾아가는 프로세스를 알아보겠다. 투자하기 전 투자자 정보확인서를 작성해 나의 투자성향을 파악하고, 이에 적합한 투자상품을 찾아 비중을 설정하는 단계까지 익힐 수 있을 것이다. 나에게 맞는 ETF를 설정해 자신만의 투자상품과 투자전략을 찾는데 도움이 되길 기대한다.

PART 5

ETF를 활용한
자산관리 프로세스

01

투자성향 파악하기

투자자는 투자에 앞서 자신의 상황을 정확하게 진단한 후 투자 의사 결정을 해야 한다. 개개인의 연령, 자산규모 및 현금흐름, 투자 경험, 투자 가능 기간 등 자신이 감내할 수 있는 위험 수준이 모두 다르기 때문에 이러한 것들을 고려해 자신의 투자성향을 먼저 분석한 후 투자를 시작하는 것이 좋다.

다음 투자자 정보확인표를 작성해보고 나의 투자성향에 대해 점검해보자.

··· 나의 투자성향 점검하기 ···

투자자 정보확인표

1. 고객님의 연령대는 어떻게 되십니까?

   ① 19세 이하 　　② 20세~40세 　　③ 41세~50세

   ④ 51세~60세 　　⑤ 61세 이상

2. 고객님께서 투자하고자 하는 자금의 투자 가능 기간은 얼마나 되십니까?

   ① 6개월 미만 　　　　② 6개월 이상~1년 미만

   ③ 1년 이상~2년 미만 　　④ 2년 이상~3년 미만

   ⑤ 3년 이상

3. 다음 중 고객님의 투자 경험과 가장 가까운 금융상품은 어느 것입니까? (중복응답 가능)

   ① 은행 예·적금, 국고채, 지방채, 보증채, MMF, CMA 등

   ② 금융채, 신용도가 높은 회사채, 원금보장형 ELS, 채권형 펀드 등

   ③ 신용도 중간 등급의 회사채, 원금 일부만 보장되는 ELS, 혼합형 펀드 등

   ④ 신용도가 낮은 회사채, 주식, 원금이 보장되지 않는 ELS, 시장수익률 수준의 수익을 추구하는 주식형 펀드 등

⑤ ELW, 선물옵션, 시장수익률 이상의 수익을 추구하는 주식형 펀드, 파생상품 펀드, 주식 신용거래 등

4. 고객님께서는 금융상품 투자에 대한 본인의 지식 수준이 어느 정도라고 생각하십니까?

① 매우 낮은 수준: 투자 의사결정을 스스로 내려본 경험이 없는 정도

② 낮은 수준: 주식과 채권의 차이를 구별할 수 있는 정도

③ 높은 수준: 투자할 수 있는 대부분의 금융상품 차이를 구별할 수 있는 정도

④ 매우 높은 수준: 금융상품을 비롯해 모든 투자대상 상품의 차이를 이해할 수 있는 정도

5. 고객님께서 투자하고자 하는 자금은 고객님의 전체 금융자산(부동산 등을 제외) 중 어느 정도의 비중을 차지합니까?

① 10% 이하   ② 10% 초과~20% 이하

③ 20% 초과~30% 이하   ④ 30% 초과~40% 이하

⑤ 40% 초과

6. 다음 중 고객님의 수입원을 가장 잘 나타내는 것은 어느 것입니까?

① 현재 일정한 수입이 발생하고 있으며, 향후 현재 수준을 유지하거나 증가할 것으로 예상

② 현재 일정한 수입이 발생하고 있으나, 향후 감소하거나 불안정할 것으로 예상

③ 현재 일정한 수입이 없으며, 연금이 주 수입원임

7. 고객님의 투자원금에 손실이 발생할 경우 다음 중 고객님이 감내할 수 있는 손실은 어느 수준입니까?

① 무슨 일이 있어도 투자원금은 보전되어야 한다.

② 투자원금에서 최소한의 손실만을 감수할 수 있다.

③ 투자원금 중 일부의 손실을 감수할 수 있다.

④ 기대수익이 높다면 위험이 높아도 상관없다.

투자자 정보확인표 점수 확인

구분	①	②	③	④	⑤
1번	4점	4점	3점	2점	1점
2번	1점	2점	3점	4점	5점
3번	1점	2점	3점	4점	5점
	*중복응답한 경우 가장 높은 점수로 배점				
4번	1점	3점	3점	4점	–
5번	5점	4점	3점	2점	1점
6번	3점	2점	1점	–	–
7번	-2점	2점	4점	6점	–

※1번부터 7번까지의 응답결과에 따른 점수를 합산(총점 32점)하고, 이를 100점으로 환산한다.

(예) 1번부터 7번까지의 합이 26점인 경우
26점/32점 × 100 = 81.25점

투자성향 분류

점수에 따라 고객의 투자성향을 5단계로 분류한다. 점수에 따라 안정형, 안정추구형, 위험중립형, 적극투자형, 공격투자형으로 투자자의 투자성향을 나눌 수 있다.

- 20점 이하: 안정형
- 20점 초과~40점 이하: 안정추구형
- 40점 초과~60점 이하: 위험중립형
- 60점 초과~80점 이하: 적극투자형
- 80점 초과: 공격투자형

··· 투자성향에 따른 투자 ···

금융투자상품별 투자위험도 분류기준에 따라 자기에 적합한 투자 상품을 가입해야 한다. ETF형 상품은 펀드형 상품의 위험도 분류 기준에 따라 위험등급이 다르다. 만약 주식형 ETF 펀드인 경우에는 고위험(2등급) 이상이어야 한다. 파생형 ETF인 경우에도 케이스별로 조금 다르겠지만 1등급 또는 2등급이어야 적합한 상품으로 분류될 수 있다. 다음 페이지 표를 참고하자.

표1 ◆ 금융투자상품별 투자위험도 분류기준

구분		초고위험	고위험	중위험	저위험	초저위험
채권		투기등급 포함(BB 이하)		회사채 (BBB+ ~ BBB-)	금융채 회사채 (A- 이상)	국고채 통안채 지방채 보증채 특수채
파생 결합 증권	(ELS, DLS)	원금 비보장형		원금부분 보장형	원금 보장형	
	ELW	ELW				
주식		신용거래, 투자경고종목, 투자위험종목, 관리종목				
집합 투자증권		주식형		혼합형	채권형	MMF
		파생상품펀드				
선물옵션		선물옵션				

*ELF의 경우 ELS와 동일하게 투자위험도 분류

*위 기준은 금융투자상품별 투자위험도 분류의 기본적인 방향을 제시한 것으로 금융투자회사는 동 기준을 참조해 금융투자상품별 실질 내용과 위험도를 고려해 합리적으로 분류

표2 ◆ 투자성향별 투자 권유 가능상품 분류기준

구분	초고위험	고위험	중위험	저위험	초저위험
안정형	투자권유불가	투자권유불가	투자권유불가	투자권유불가	
안정추구형	투자권유불가	투자권유불가	투자권유불가		
위험중립형	투자권유불가	투자권유불가			
적극투자형	투자권유불가				
공격투자형					

표3 ◆ 투자성향별 적합한 금융투자상품

집합투자증권 (펀드)	매우 높은 위험	높은 위험	다소 높은 위험	보통 위험	낮은 위험	매우 낮은 위험
펀드 외 금융투자상품	초고위험		고위험	중위험	저위험	초저위험
공격투자형 (1등급)	○	○	○	○	○	○
적극투자형 (2등급)			○	○	○	○
위험중립형 (3등급)				○	○	○
안정추구형 (4등급)					○	○
안정형 (5등급)						○

자료: 신한금융투자

표4 ◆ 금융투자상품 위험도 분류

금융투자상품 위험등급		초고위험 (1등급)	고위험 (2등급)	중위험 (3등급)	저위험 (4등급)	초저위험 (5등급)
고객 투자성향		공격투자형 (1등급)	적극투자형 (2등급)	위험중립형 (3등급)	안정추구형 (4등급)	안정형 (5등급)
펀드 (집합투자증권)		매우 높은 위험(1등급) / 높은 위험(2등급)	다소 높은 위험(3등급)	보통 위험 (4등급)	낮은 위험 (5등급)	매우 낮은 위험(6등급)
채권 [단, 조건부자본증권 (코코본드)은 별도기준 적용]	국내	민평사에서 평가 안 되는 채권	BB+ 이하 채권	회사채 (BBB+~ BBB-)	특수채, 금융채, 회사채(A- 이상)	국고채, 통안채, 지방채, 보증채
	해외 (국제 신용등급)	BB+ 이하	BBB+~ BBB-	A+~ A-	AAA+~ AA-	
		*환변동 위험이 크다고 판단되는 경우 채권통화(MXN, RUB, TRY, BRL 등)에 따라 위험도 분류기준이 달라질 수 있음 *해외채권 청약권유 불가(단, A등급 이상 우량 국채 제외)				
CP		신용등급이 없거나 B 이하		A3-~ A3+	A1+~ A2-	
전자 단기 사채	원화			A3-~ A3+	A1+ ~ A2-	
	외화		A3-~ A3+	A1+ ~ A2-		
RP					외화RP	원화RP
CMA						RP형, MMF형, MMW형
파생결합 증권	ELS/ DLS	원금 비보장형		원금부분 지급형		
	ELW	ELW				
	ETN	ETN				
파생결합 사채	ELB/DLB				원금 지급형	

신탁 (자사주신탁은 중위험으로 분류)	주식형	해외 주식, 초고위험 국내주식, 당사 종목별 신용등급 D 이하 국내주식, 파생상품에 투자	고위험 국내 주식에 투자			
	채권형 CP형 ELS/DLS형 펀드형 기타 자산형	상품유형별 편입자산(금융투자상품)의 위험도 분류기준에 따름(ETF 상품은 펀드형 상품의 위험도 분류기준에 따름)				
Wrap	주식형	해외 주식, 초고위험 국내주식, 당사 종목별 신용등급 D 이하 국내주식, 파생상품에 투자	고위험 국내주식에 투자			
	채권형 ELS/DLS형 펀드형ETF형	유형별 편입자산(금융투자상품)의 위험도 분류기준에 따름(ETF형은 펀드형의 위험도 분류기준에 따름) * 해외채권 및 해외투자펀드(채권형)에 투자한 경우 환헤지 여부에 따라 위험도 분류기준을 완화해 적용할 수 있음				
	자산배분형	편입자산의 위험도 가중치에 따라 분류(편입되는 채권형 상품은 채권 실물 및 채권형 펀드 모두 포함)				
	지점운용형	신한EMA, 프로주식랩				
주식	국내	신용거래, 투자경고종목, 관리종목, ETF 종목	일반종목			
	해외	해외 주식, 글로벌 ETF, 홍콩 ELW				
파생 상품	국내	국내 선물 옵션				
	해외	해외 선물 옵션, FX마진				
ISA	일임형		고위험A, 고위험P	중위험A, 중위험P	저위험A, 저위험P	
	신탁형	가입자가 운용 지시한 편입자산의 위험도 가중치에 따라 분류				예금, RP, 현금성자산

퇴직 연금 상품	원리금 보장형				퇴직 연금 전용 ELB	정기예금, 퇴직연금 전용RP, 퇴직연금 이율보증형 보험GIC
	원리금 비보장형	파생결합증권(ELS/DLS), 주식, 채권, 집합투자증권 등 해당 금융상품의 위험도 분류기준 에 따름				

자료: 신한금융투자

··· **맞춤 전략** ···

투자자 성향별 맞춤 전략을 보자.

• 성장형

  – 위험을 기꺼이 감수하고서라도 고수익을 추구한다.

  – 예상수익이 높다고 판단되면 주식이나 파생상품과 같은 위험이 큰

    투자상품에도 기꺼이 투자한다.

  – 원금손실이 있더라도 높은 수익을 내기 위해서는 높은 위험을 감

    수해야 한다고 생각한다.

• 성장추구형

  – 유동성 확보를 위한 일부 자산을 제외하고는 위험이 높은 상품에

    투자한다.

  – 고수익을 추구하는 투자자로서 높은 수익을 내는 데는 위험도 함

    께 증가하는 것을 제대로 인식하고 있다.

- 위험이 높은 주식형 펀드 비중이 높고 채권형 펀드도 함께 자산으로 구성한다.

- 위험중립형
- 일부 투자자산에 대해서는 추가 수익을 기대하며 일정 수준의 원금손실을 인정한다.
- 투자자 상당수가 여기에 포함된다.
- 주식형 상품에도 투자하지만 시장 상황이 변하면 민감하게 대응한다.
- 주식형 상품은 일부만 포함하고 위험이 작은 상품이나 채권형 중심으로 자산을 구성한다.

- 안정추구형
- 안정성 위주로 투자를 결정한다.
- 일정 부분까지는 위험을 허용하지만 대부분 투자원금을 보호받는 자산에 투자하기를 희망한다.

- 안정형
- 투자한 원금에 대한 손실을 원하지 않는다.
- 기대수익률이 낮더라도 원금손실이 거의 없는 안전한 금융상품에 투자한다.
- 미래의 확실한 원금보전과 환금성을 고려한 투자 포트폴리오를 구성한다.
- 재무목표 달성을 위한 기대수익률을 맞추기는 다소 어려움이 있을 수 있다.

다음으로 연령대별 재테크 전략을 보자.

막 입사한 신입직원은 현재 보유자산이 많지 않지만 향후 경제
활동을 할 수 있는 기간이 길고 안정적인 현금흐름이 발생한다. 위
험을 감내할 여력이 상대적으로 많아 위험자산의 비중을 보다 확
대할 수 있으며, 긴 투자 시간을 고려한 장기 투자전략을 세울 필
요가 있다.

반면 은퇴를 앞둔 장년 또는 노년층은 보유자산의 규모가 크지
만 노후를 대비할 필요성이 있고 위험을 감내할 여력이 상대적으
로 적다. 이런 경우 위험자산의 비중을 줄이고 예상되는 현금 지출
을 충당할 수 있도록 투자전략을 세워야 한다.

표5 ◆ 연령대별 재무목표 및 재테크 전략

구분	재무목표	투자상품	성향	투자전략
20대	결혼, 주택 마련	주식형 펀드, 보험 (실비·연금), 주택청약상품	공격적(저소득) ↑	– 급여의 50% 이상은 무조건 저축 – 원금보장보다는 수익형 상품 투자 – 노후 준비 적은 금액이라도 시작 – 재무목적별로 분류해 통장 관리
30~ 40대	주택 마련, 노후 준비 시작	주식형 펀드, 변액·연금 상품		– 자녀교육비 및 내 집 마련 준비 – 노후 준비 자금 규모 점차 늘림
50대	자녀 결혼, 노후 준비 완료	혼합형 펀드, 채권·절세 상품		– 위험자산 비중 축소 – 세제 혜택 상품 활용 – 노후자금 준비에 집중
60대 이상	노후 생활	채권형(혼합), 펀드·절세 상품	↓ 안정적(고소득)	– 안정성에 중점을 두고 관리 – 절세상품을 최대한 활용

자료: 네이버 카페 셀프자산관리&How to do

02

투자상품의 특징 이해하기

투자성향을 파악했다면 투자하고자 하는 상품의 특성을 잘 숙지해야 한다. ETF의 경우 저렴한 비용, 효율적인 분산투자, 투명성과 환금성 등 장점이 있지만, 투자위험이 없는 투자상품은 없다. 내 자산은 내가 지킨다는 마음으로 장점과 위험을 모두 파악하고 투자를 시작해야 한다.

투자자는 투자할 상품 선택에 앞서 투자할 기초자산을 정하는 것이 중요하다. 주식, 채권, 현금 등 어떤 자산에 어떤 비중으로 투자할지를 결정하는 것이 종목 선정이나 투자할 타이밍을 정하는 것보다 투자결과에 훨씬 중요한 영향을 미친다.

표6 ◆ 금융투자상품의 종류

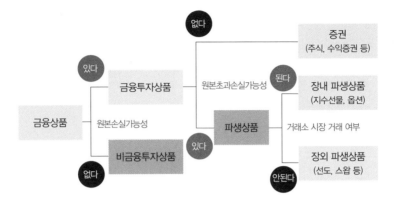

자료: 네이버 블로그 foulprince

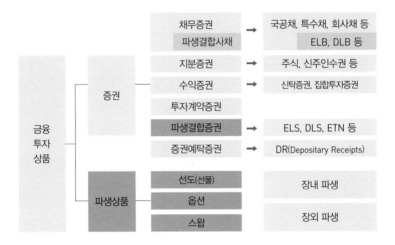

자료: 네이버 블로그 whdsud123

여기서 자주 투자하는 상품인 지분증권, 수익증권, 채무증권, 파생결합증권에 대해서 간략히 알아보겠다.

지분증권은 '투자' 하면 가장 먼저 떠오른다. 회사에서 발행하는 주식(지분)을 거래하는 수단이다. 투자자는 회사의 지분을 매수해 소유하고 회사에서 수익을 거두면 배당을 받는다. 또 회사의 가치가 높아지면 주식의 가격도 높아져 자본차익이 생긴다. 회사 입장에서 지분증권은 채권처럼 되돌려주는 돈(부채)이 아니다.

수익증권은 고객이 맡긴 재산을 투자 운용해 거기서 발생하는 수익을 분배받을 수 있는 권리(수익권)를 표시하는 증서다. 고객들이 맡긴 재산을 신탁재산이라고 하는데, 1개 펀드의 신탁재산을 균등한 권리로 분할해 발행하는 것이 수익증권이다.

부수적으로 집합투자기구(공모펀드 또는 사모펀드)에 출자한 지분도 있다. 집합증권투자는 불특정 다수(공모) 또는 49인 이하(사모)의 자금을 끌어모아 기금을 조성한 뒤 유가증권에 투자해 이익금을 나누어주는 간접투자 방식이다. 우리가 가장 많이 접하는 펀드라고 생각하면 된다. ETF도 펀드에 속하기 때문에 투자신탁 또는 집합투자기구로 분류할 수 있다. 다만 ETF는 간접투자가 아닌 장내에서 개인이 직접 사고팔 수 있는 직접투자 방식이다.

채무증권은 흔히 말해 채권에 해당된다. 발행주체별로 나누자면 국가에서 발행하는 국공채, 회사에서 발행하는 회사채, 공기업에서 발행하는 특수채(법률에 의해 직접 설립된 법인이 발행한 채권) 등이 있다. 채무증권은 확정된 금액을 특정한 날짜에 갚기로 하고 돈을 빌리는 데 상용되는 광의의 증권을 지칭한다. 이자율이 명시되어 있거나 할인된 가격으로 이자율 없이 판매하기도 한다. 채무증권의 종류에는 만기에 따라 단기·중기·장기 채권이 있으며 기업의

CP가 대표적이다.

　파생결합증권은 유가증권과 파생금융상품의 결합 형태다. 기초자산이 금리, 원자재, 환율 등 가격에 연동되어 투자수익을 결정하는 유가증권이다. 사전에 정해진 방식으로 약정수익(수익률)이 결정되기 때문에 기초자산이 일정기간에 정해진 구간을 벗어나지 않으면 약정수익을 지급하고, 구간을 벗어나면 원금손실을 보게 되는 구조다. 대표적인 상품이 ELS, DLS, DLF다. 이번에 큰 이슈가 되었던 DLS, DLF 사건도 파생결합증권의 한 종류다. 파생결합증권에 대해 좀 더 알아보자.

　다음 표7은 EUROSTOXX50, HSCEI, 서부텍사스산중질유(WTI)를 기초자산으로 하는 파생결합증권이다. 6개월마다 자동조기상환 시점을 두어, 각 기초자산의 중간 기준가격이 모두 해당

표7 ◆ 삼성증권 DLS

상품종류	3Star Step-down 6Chance
위험등급	초고위험
고객투자성향	초고위험투자형
기초자산	EUROSTOXX50, HSCEI, 서부텍사스산중질유(WTI) 최근월 선물
판매예정한도	100억 원(예정)
최저가입금액	10만 원 이상, 1만 원 단위
청약기간	2020년 3월 30일(월)~2020년 4월 3일(금)
만기일(예정)	2023년 4월 3일(월)

표8 ◆ 상환조건 및 수익률

구분	상환조건	수익률(세전)
자동조기상환	각 중간기준가격 결정일에 각 기초자산의 종가가 모두 행사 가격 이상인 경우	연 8.54%
만기상환	각 기초자산의 최종기준가격이 모두 최초 기준가격의 70% 이상인 경우	25.62% (연 8.54%)
	하나의 기초자산이라도 종가가 최초 기준가격의 45% 미만인 적이 없는 경우	25.62% (연 8.54%)
	하나의 기초자산이라도 종가가 최초 기준가격의 45% 미만인 적이 있으며, 하나의 기초자산이라도 최종 기준가격이 최초 기준가격의 70% 미만인 경우	-100%~ -30%

자료: 삼성증권

표9 ◆ 해외금리 연계 파생결합상품(DLF·DLS)

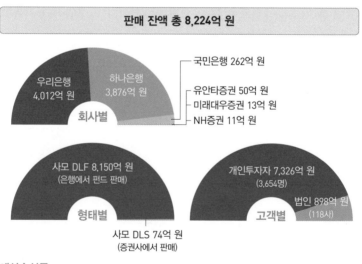

판매 잔액 총 8,224억 원

회사별
우리은행 4,012억 원
하나은행 3,876억 원
국민은행 262억 원
유안타증권 50억 원
미래대우증권 13억 원
NH증권 11억 원

형태별
사모 DLF 8,150억 원 (은행에서 펀드 판매)
사모 DLS 74억 원 (증권사에서 판매)

고객별
개인투자자 7,326억 원 (3,654명)
법인 898억 원 (118사)

예상손실률

영국·미국 CMS 금리 6,958억 원 56.2%	독일 국고채 10년물 금리 1,266억 원 95.1%

자료: 금융감독원, 연합뉴스

시점의 행사가격 이상인 경우 '원금 + 연8.54%(세전)' 수익을 지급하는 방식이다.

만약 자동조기상환이 발생하지 않고 만기상환이 되는 경우, 각 기초자산의 최종 기준가격이 모두 70% 이상이면 '원금 + 25.62%(연8.54%)' 수익을 지급한다.

투자기간 동안 하나의 기초자산이라도 종가가 최초 기준가격의 45% 미만인 적이 있는 경우에는 만기상환 시 원금손실이 발생한다. 하락의 한계가격은 최초 기준가격의 45%로 한다. 원금손실 발생은 -100~-30% 이내다.

03

투자전략과 상품 선택하기

투자상품의 특징을 이해했다면 자신에게 맞는 투자전략을 찾아야한다. 파트3을 참고해 ETF에 직접 투자하거나 전략이 구축된 ETF에 재간접적으로 투자할 수 있다. 여러 사례를 살펴보자.

CASE 1

30대 프리랜서로 연간수입이 2천만~5천만 원 사이인 초보 투자자다. 보유한 금융자산이 2천만 원 미만인 경우이며, 자금 활용기간을 3년 미만으로 설정한다. 원금손실의 감내도가 높은 사람의 결혼자금 마련을 위한 자산 배분은 어떻게 해야 할까?

220

구분	비중	예시 투자상품
선진시장 주식형 ETF	35%	MSCI EAFE(EFA)
신흥시장 주식형 ETF	30%	Vectors Vietnam(VNM)
선진시장 채권형 ETF	10%	Barclays 1~3 Month T-bill(BIL)
신흥시장 채권형 ETF	5%	JP Morgan USD Emerging Markets Bond ETF(EMB)
금 ETF	10%	KODEX 골드선물(H)
달러현금	10%	달러자산

CASE 2

50대 정규직으로 연간수입은 5천만 원 이상이다. 주식에 투자한 경험이 있다. 보유한 금융자산은 5천만 원 이상이고, 자금 활용기간을 5년 이상으로 설정한다. 원금손실의 감내도가 낮은 사람의 은퇴자금 마련을 위한 자산 배분을 살펴보자.

구분	비중	예시 투자상품
선진시장 주식형 ETF	20%	MSCI EAFE(EFA)
신흥시장 주식형 ETF	10%	ASIA 50 ETF(AIA)
선진시장 채권형 ETF	40%	iBoxx $High Yield Corporate Bond(HYG)
신흥시장 채권형 ETF	20%	JP Morgan USD Emerging Markets Bond ETF(EMB)
금 ETF	5%	KODEX 골드선물(H)
달러현금	5%	달러자산

CASE 3

주식 투자 경험이 있는 40대 정규직으로, 연간수입은 4천만 원이다. 보유한 금융자산은 3천만 원 이상이며 자금 활용기간을 5년 이상으로 설정한다. 원금손실의 감내도가 높은 사람의 내 집 마련을 위한 자산 배분은 어떻게 할까?

구분	비중	예시 투자상품
선진시장 주식형 ETF	40%	Invesco QQQ trust Series1(QQQ)
신흥시장 주식형 ETF	25%	Vectors Vietnam(VNM)
선진시장 채권형 ETF	10%	iBoxx $High Yield Corporate Bond(HYG)
신흥시장 채권형 ETF	10%	JP Morgan USD Emerging Markets Bond ETF(EMB)
금 ETF	10%	KODEX 골드선물(H)
달러현금	5%	달러자산

스마트베타 EMP

많은 사람들이 궁금해하는 스마트베타 EMP에 대해서도 알아보자.

- 운용철학
  - 스마트베타(패시브와 액티브 혼합 전략)
  - 체계적 위험(시장위험)만을 보는 투자전략
  - ETF 구조화를 통한 다양한 자산배분
  - 경기침체에 대비한 변동성 축소

- 업황, 통화정책, 환율·금리, 글로벌 정책, 원자재 분석을 통한 ETF 발굴

• 투자 포인트

- 코로나19 여파에도 위험자산 하락 변동성을 최소화한 자산배분

- 주도업종 섹터를 로테이션하면서 알파 추구

- 패시브(시장지수)와 헤지용 ETF 자산을 추가한 리스크 관리

• 세부 전략

- 방향성 ETF 투자 > 상승, 하락, 박스권 추세에 맞는 투자

- 핵심-위성 ETF > 시장대표 ETF와 위성 ETF를 혼합 투자

- 원자재 ETF 투자 > 선물을 활용한 백워데이션 투자전략

- 통화 ETF > 이종통화 가치의 상대적 변화를 통한 투자(환헤지 보조수단)

📝 기사로 ETF 읽기 5

금값 1800달러 돌파… 주식·ETF도 덩달아 급등

이데일리, 2020년 7월 9일

 www.edaily.co.kr/news/read?newsId=03614566625832880
&mediaCodeNo=257&OutLnkChk=Y

2020년 7월 금 가격이 온스당 1,800달러까지 올랐다. 코로나19 재확진에 따른 글로벌 경제의 불확실성이 높아지면서 안전자산인 금의 수요가 늘었다. 더불어 글로벌 국가의 통화 및 재정정책으로 인해 돈을 계속 풀면서 증시도 덩달아 올랐다. 보통은 국내 증시와 금 가격은 대체관계에 있지만, 2020년 코로나19와 돈 풀기 정책의 효과로 인해 두 기초자산이 모두 상승하게 된 것이다.

최근 스탠다드푸어스 골드쉐어즈 ETF에 자금이 유입되면서 투자자들에게 인기를 얻고 있다. 금 가격 상승으로 금 관련 기업과 ETF도 강세를 보였다. 금 광산업체 채굴이 증가하면서 뉴몬트와 베릭골드 주가가 상승하게 된 것이다. 상반기에 400억 달러 가까이 유입되면서 금 ETF는 2016년 이후 최고치를 기록했다.

그림1 ◆ 금 일봉차트

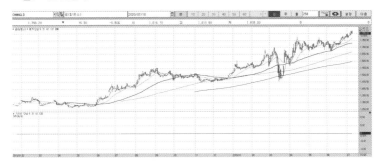

그림2 ◆ KODEX 골드선물 H 일봉차트

그림3 ◆ SPDR 일봉차트

자료: investing.com

코로나19 시대와 초저금리 시대를 맞아 2021년 하반기까지는 실물자산에 대한 수요는 지속해서 늘어날 전망이다. 미국 연방준비은행(FED)에서 돈을 계속 풀면서 인플레이션이 우려되는 가운데, 화폐가치의 하락으로 인해 실물자산인 대표인 금을 찾는 투자자들이 늘어날 것이다.

과거 경제위기 때는 통화정책만으로 대응했지만, 현재의 경제위기를 극복하기 위해 정부의 재정정책과 중앙은행의 통화정책으로 인해 경기부양 규모는 더 커졌기 때문에 인플레이션 압박이 올 수도 있어 금 가격이 더 오를 수 있다.

또한 2020년 11월 미국 대선, 미국과 중국의 무역분쟁, 중국과 인도의 국경분쟁, 중국과 홍콩사태, 한국과 북한의 갈등 등 대내외 리스크로 인해 금 가격은 쉽게 떨어지지 않을 것이다.

지금까지 배운 과정을 통해 앞으로 전도유망한 ETF를 소개하 겠다. 유망자산의 트렌드를 확인하고, 글로벌 경제의 높은 불 확실성으로 국가 및 자산 간 차별성이 심화되고 있는 상황에서 전문적인 자산배분과 운용으로 좋은 결과가 생기길 기대한다. 전도유망한 ETF를 살펴보고, 각각의 ETF 종목을 분석해 투자 인사이트를 얻어보자.

PART 6

국내외
유망 ETF 11

ETF는 메가트렌드인 사회, 경제, 산업, 인구구조의 변화에 맞게 4차 산업혁명의 테마를 중심으로 꾸준히 성장하고 있다. 경기 사이클상 일시적으로 부가되는 산업이 아닌 장기적인 관점에서의 트렌드에 부합하는 테마에 투자하는 것이 좋다. 이 외에 친환경, ESG 등 기업의 주가 모멘텀도 뚜렷하게 나타날 것으로 예상한다.

국내 및 미국 내에 상장된 주요 성장 테마는 사이버보안, 인터넷, AI, 로봇·자동화, 2차전지, 친환경·신재생에너지, 플랫폼, 미디어·콘텐츠 등이 될 것이다. 먼저 5대 테마와 투자 포인트를 살펴보자.

• 신재생에너지

최근 ESG 투자 증가로 친환경·재생에너지 관련 기업 주식의 모멘텀이 예상되며, ESG 투자 규모는 연평균 16% 증가할 것으로 전망된다. 한국의 그린뉴딜 정책 발표와 EU 정상회담 환경정책 논의 등 글로벌 주요 정부의 그린뉴딜 정책이 구체화되며, 클린에너지와 저탄소 관련 기업에 대한 관심도 증가하고 있다. 일반적으로 테슬라를 10% 정도 보유 중이며, 태양광과 풍력 관련 미국 상장기업에 투자한다.

• 중국·인터넷

중국은 코로나19 이후 빠르게 경제지표가 회복 중이며, 중국 관련 ETF 투자도 확대되고 있다. 신형 인프라 투자와 신형 도시화 정책 중 정부 정책의 수혜를 받을 수 있는 IT, 커뮤니케이션, 헬스케어, 소비재 업종의 성장이 전망된다. 텐센트, 알리바바, 메이투안디엔핑 등 중국 인터넷 기업이 투자 포인트다. 전 세계에서 중국의 모바일 인구가 가장 많으며, 개인별 인터넷 사용시간은 매년 증가하는 추세다.

• 글로벌 로봇

코로나19 이후 경기침체 및 공급체인 불안에 따른 리쇼어링이 고용 감소로 이어질 전망이다. 이에 따라 공장 자동화 등 로봇 도입이 빨라질 가능성이 크다. 로봇, 산업자동화, 인공지능 관련 약 90개 기업에 투자가 집중되고 있다. 일본 대표 산업용 로봇 '화낙'의 중국 매출이 회복 중이며, 중국의 산업용 로봇 생산 증가율이 점차 개선될 것으로 기대된다.

• 기술주

FAANG(페이스북, 애플, 아마존, 넷플릭스, 구글)을 중심으로 투자가 이어지고 있다. 5G 도입에 따른 애플 TV 서비스 가입자 증가, 소프트웨어 확대, 건강보조 웨어러블 기기, AR(증강현실) 등 주요 플랫폼의 성장이 기대된다. 코로나19로 인한 전자상거래 시장의 확대로 아마존의 성장이 예상된다. 그뿐만 아니라 미디어 공룡이라 불리는 넷플릭스 OTT 글로벌 가입자 확대 진행 등 기술주 모멘텀이 지속될 전망이다.

• 우선주

주로 금융주로 구성되어 있는 미국 우선주가 투자 포인트다. 5% 이상 배당수익률이 매력적이다. 코로나19 사태에도 불구하고 미국 은행 등 대형 금융주의 펀터멘털이 양호하며, 우선주 배당 삭감 가능성은 낮다.

다음 표는 유망 ETF 목록이다.

표1 ◆ 유망 ETF 11선

유형	테마	지역	종목명	티커 (코드번호)	내용
주식	신재생 에너지	국내	KODEX 미국 S&P 에너지(합성)	218420	전 세계 에너지 산업 이끄는 미국 에너지 기업 투자
		해외	iShares Global Clean Energy	ICLN	미국 청정 에너지 관련 기업 투자
			Invesco Solar ETF	TAN	태양광 관련 업체 주가 추종

주식	기술주 (나스닥)	국내	TIGER 미국 나스닥100	A133690	낙스닥 OMX 그룹이 발표하는 나스닥100 인덱스 투자
		해외	Invesco QQQ Trust Series1	QQQ	나스닥 내 비중이 높은 나스닥100지수 추종
	중국· 인터넷	국내	KBSTAR 중국 MSCI China선물(H)	A310080	국내에 상장된 중국 대표 4차산업혁명 기업 투자
		해외	Samsung CSI China Dragon Internet ETF	2812HK	미국에 상장된 중국 대표 4차산업혁명 기업 투자
	글로벌 로봇	국내	KODEX 글로벌 4차산업 로보틱스(합성)	A276990	로봇 및 자동화 관련 기술 글로벌 기업 투자
		해외	Gloval X Robotics & Altificial Intelligence ETF	BOTZ	일본과 미국 로봇 테마 기업 투자
인컴	우선주	국내	KBSTAR 미국 고정배당 우선증권 ICE TR	A354240	미국 정기·고정배당 재투자한 하이브리드 증권
		해외	First Trust Preferred Securities & Income ETF	FPE	글로벌 우선주에 액티브 투자

··· KODEX 미국 S&P에너지(합성) ···

KODEX 미국 S&P에너지(합성) ETF는 순자산가치의 변동률을 기초지수 변동률과 연동해 S&P Select Sector Energy Index(원화 기준, 환헤지 안 함) 지수를 추종하기 위해, 해당 기초지수의 성과와 유사하게 연동되는 장외 파생상품에 주로 투자한다. 다만 투자신탁 재산의 일부를 기초지수의 성과에 유사하게 연동되는 외국 ETF에도 투자해 포트폴리오를 구성한다.

S&P Dow Jones Indices가 산출하는 S&P Select Sector Energy Index(원화 기준, 환헤지 안 함) 지수는 수정가중평균방식(Modified Market Capitalization Weighted)으로 산출된다. 해외투자에 따른 별도의 환헤지를 실시하지 않아 환율변동의 영향을 받는 환노출상품이다.

개발도상국 발전 및 세계 인구 증가 등에 따른 에너지 수요 증가로 수혜가 기대되는 에너지 산업에 집중한다. 개발도상국 발전을 위한 상업 운송수단의 증가로 연료 소비량 증가 및 추가적인 에너지 수요 창출을 예상하고 있다. 2035년 세계 인구는 약 87억여 명에 달할 것으로 예상되며, 이로 인해 현재 인구에서 증가할 약 16억여 명에 대한 추가적인 에너지 수요가 있을 것으로 전망된다. 인구 증가에 따라 공업 제품의 수요 증가와 함께 생산공장 또한 가동이 증가할 것으로 기대된다.

표2 ◆ KODEX 미국 S&P에너지 요약(2020년 7월 13일 기준)

순자산총액	120억 원	사무수탁사	KSD(한국예탁결제원)
상장일	2015/04/28	수탁은행	국민은행
총보수	연 0.250% (지정참가회사: 0.020%, 직합투자: 0.190%, 신탁: 0.020%, 일반사무: 0.020%)	설정단위	1,000좌
분배금 지급	미지급	최소거래단위	1주

자료: 삼성자산운용

234

표3 ◆ 구성종목(2020년 6월 30일 기준)

번호	종목명	지수 내 비중
1	Chevron Corp	23.08%
2	Exxon Mobil Corp	22.65%
3	Phillips 66	4.62%
4	Kinder Morgan Inc	4.56%
5	EOG Resources	4.56%
6	ConocoPhillips	4.49%
7	Schlumberger Ltd	3.94%
8	Marathon Petroleum Corp.	3.76%
9	Valero Energy Corp	3.71%
10	The Williams Companies Inc	3.57%

자료: 삼성자산운용

그림1 ◆ 수익률

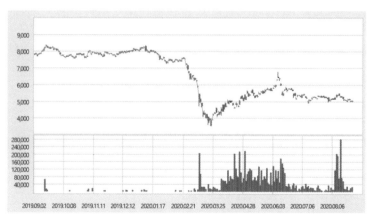

자료: 한국거래소

S&P500 중 글로벌산업분류기준(GICS; Global Industry Classification Standard)에서 에너지에 해당하는 대표적인 기업으로 구성되어 있다. 이들 기업의 수익, 시가총액 등을 고려한 수정가중평균방식을 이용해서 지수를 산정한다. 1997년 12월 31일 기준으로 S&P Dow Jones Indices 추종한다.

··· iShares Global Clean Energy ···

ICLN은 청정에너지 관련 비즈니스를 하고 있고 유동성이 높은 기업 30곳의 시가총액 지수에 맞게 투자한다. 바이오에너지, 에탄올, 지열, 수력, 태양열 및 풍력 에너지 산업과 관련된 청정에너지 회사의 포트폴리오를 보유하고 있다. 에너지를 생산하는 기업에 투자하는 것 외에도 에너지 생산 프로세스에 사용하는 기술과 장비를 개발하는 회사를 보유하고 있다. 청정에너지 테마에 투자하기 위해 ICLN은 약 30개 회사에 집중 투자한다. 일회성 거래비용은 높지만 반복되는 연간 수수료는 해당 부문에서 가장 낮다. iShares Global Clean Energy ETF는 MSCI ESG 펀드 등급 A다.

그림2 ◆ ICLN 개요

전일 종가	13.4	금일 변동	13.37 - 13.84	투자수익률 (TTM)	N/A
금일 시가	13.67	52주 변동폭	8.09 - 14.27	배당금 (TTM)	N/A
거래량	987,559	총 시가	N/A	배당수익률	N/A
평균 거래량	630,821	총 자산	75.72M	베타	N/A
1년 변동률	24.3%	발행주식수	N/A	자산등급	주식

자료: investing.com

    ICLN은 클린에너지 관련 기업 중 유동성이 높은 기업에 투자한다. 미국 내 클린에너지 관련 ETF 중 시가총액 370만 달러 이상으로 가장 크고, 운용보수가 0.46%로 저렴한 대표 상품이다. 구성종목 편입비중 방식은 시가총액 가중방식으로 32개 기업에 편입한다. 2020년 7월 추세는 2021년 1월 고점에 인접했으며, 코로나19 이후 크게 상승했다.

그림3 ◆ ICLN MSCI Factor Box

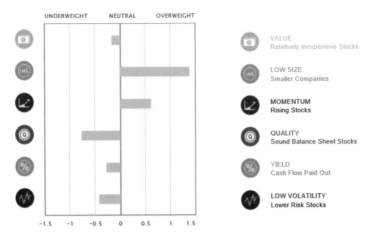

자료: ETF.COM

그림4 ◆ ICLN 차트 및 성과

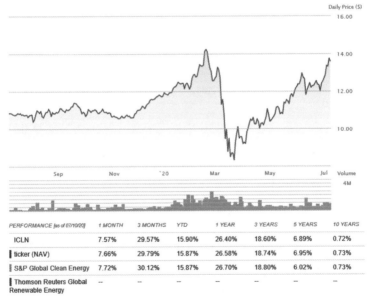

PERFORMANCE [as of 07/10/20]	1 MONTH	3 MONTHS	YTD	1 YEAR	3 YEARS	5 YEARS	10 YEARS
ICLN	7.57%	29.57%	15.90%	26.40%	18.60%	6.89%	0.72%
ticker (NAV)	7.66%	29.79%	15.87%	26.58%	18.74%	6.95%	0.73%
S&P Global Clean Energy	7.72%	30.12%	15.87%	26.70%	18.80%	6.02%	0.73%
Thomson Reuters Global Renewable Energy	--	--	--	--	--	--	--

자료: ETF.COM

그림5 ◆ ICLN 지역별·섹터별·기업별 비중

ICLN Top 10 Countries

United States	41.35%	Spain	5.79%
New Zealand	8.53%	Denmark	4.36%
Brazil	7.44%	Austria	3.88%
Canada	7.41%	Norway	3.80%
Hong Kong	7.31%	Germany	2.80%

ICLN Top 10 Sectors

Renewable Energy E...	47.14%	Multiline Utilities	4.28%
Electric Utilities	36.02%	Renewable Fuels	2.62%
Independent Power...	9.94%		

ICLN Top 10 Holdings [View All]

SolarEdge Technolo...	5.78%	Sunrun Inc.	4.60%
Xinyi Solar Holdings...	5.73%	Companhia Energeti...	4.35%
Plug Power Inc.	5.62%	Vestas Wind System...	4.29%
Enphase Energy, Inc.	5.20%	Siemens Gamesa Re...	4.23%
First Solar, Inc.	5.00%	Meridian Energy Limi...	3.87%
		Total Top 10 Weighting	48.66%

자료: ETF.com

그림3 Factor Box를 살펴보면 소규모기업, 모멘텀이 있는 기업에 비중을 확대했으며, 부채비율이나, 안정적인 수익성장을 가져다주는 기업에 비중을 가장 많이 축소했다. 이 외에 배당주와 낮은 변동성, 가치주 기업도 비중을 축소했다.

··· Invesco Solar ETF ···

TAN은 회사의 투자 모델은 태양광 발전의 상대적 중요성을 기반
으로 선택된 태양에너지 기업의 지수를 추적한다. TAN은 태양에
너지 산업 회사의 집중된 포트폴리오를 보유하고 있기 때문에 벤
치마크에서 다루는 광범위한 재생가능에너지 시장의 대부분을 차
단한 집중 포트폴리오로 구성한다. 포트폴리오는 태양광 수입에

그림6 ◆ TAN 개요

전일 종가	41.02	금일 변동	40.5 - 40.55	투자수익률 (TTM)	N/A
금일 시가	40.55	52주 변동폭	21.14 - 43.07	배당금 (TTM)	N/A
거래량	33,534	총 시가	N/A	배당수익률	N/A
평균 거래량	323,928	총 자산	180.9M	베타	N/A
1년 변동률	42.68%	발행주식수	N/A	자산등급	주식

기초해 매우 집중된 소수의 기업만 보유한다. TAN은 미국, 특히 중국에 비해 비중이 크며 소규모 기업에 투자한다. TAN은 적절한 유동성을 제공하지만 일반적으로 스프레드를 중요시한다. 그러나 기본 바스켓은 유동성이 부족하며, 생성 및 상환으로 인해 가격이 변동될 수 있다. Invesco Solar ETF는 BBB 등급의 MSCI ESG 펀드 등급을 가지고 있다.

그림7 ◆ TAN MSCI Factor Box

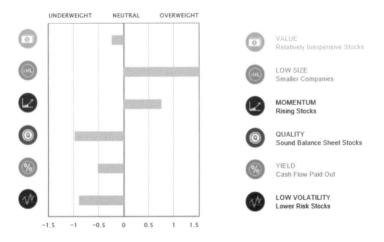

자료: investing.com

TAN은 글로벌 태양광 에너지에서 발생하는 수익이 1/3 이상인 기업만 편입한다. 비용하락에 따른 신재생에너지 수요 확산과 정부(미국ITC, 중국보조금)의 보조 정책, 유럽의 재정정책과 미국의 뉴딜정책에 따라 스마트홈, HEMS(Home Energy Management System) 등 풍부한 모멘텀 덕에 큰 폭의 상승을 보였다.

그림8 ◆ TAN 차트 및 성과

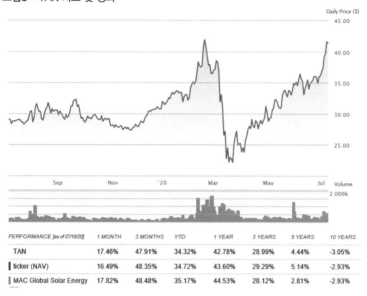

PERFORMANCE [as of 07/10/20]	1 MONTH	3 MONTHS	YTD	1 YEAR	3 YEARS	5 YEARS	10 YEARS
TAN	17.46%	47.91%	34.32%	42.78%	28.99%	4.44%	-3.05%
ticker (NAV)	16.49%	48.35%	34.72%	43.60%	29.29%	5.14%	-2.93%
MAC Global Solar Energy	17.82%	48.48%	35.17%	44.53%	28.12%	2.81%	-2.93%

자료: investing.com

현재 구성종목 중 태양광 매출비중이 높은 기업(2/3 이상)에 1배수, 낮은 기업(2/3) 0.5배수를 반영한 시가총액 가중방식을 채택한다. 주가는 코로나19 이후, 2020년 3월 이전 고점까지 도달했다.

그림9를 보면 TAN은 미국 비중이 50% 이상이며, 홍콩, 독일, 노르웨이, 중국 순으로 투자한다. 재생에너지의 비중이 70%로 가장 높으며, 두 번째로는 민자발전소 기업에 투자한다. 최상위 종목을 차지하는 SolarEdge Technologies, Inc.는 지난 1년간 159%의 상승세를 보였고, 솔라패널과 함께 반도체를 기반으로 하는 마이크로인버터를 개발, 판매하는 Enphase Energy, Inc.의 경우 무려 443%의 폭발적인 상승세를 보였다. 또한 최근 10년간 솔라패널의

그림9 ◆ TAN ETF 지역별·섹터별·기업별 비중

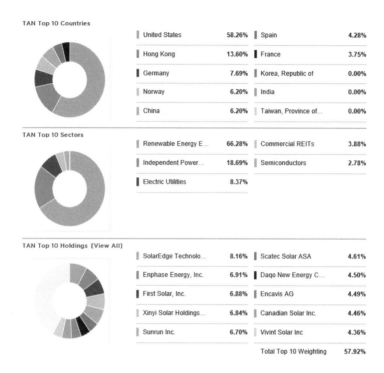

TAN Top 10 Countries

United States	58.26%	Spain	4.28%
Hong Kong	13.60%	France	3.75%
Germany	7.69%	Korea, Republic of	0.00%
Norway	6.20%	India	0.00%
China	6.20%	Taiwan, Province of...	0.00%

TAN Top 10 Sectors

Renewable Energy E...	66.28%	Commercial REITs	3.88%
Independent Power...	18.69%	Semiconductors	2.78%
Electric Utilities	8.37%		

TAN Top 10 Holdings [View All]

SolarEdge Technolo...	8.16%	Scatec Solar ASA	4.61%
Enphase Energy, Inc.	6.91%	Daqo New Energy C...	4.50%
First Solar, Inc.	6.88%	Encavis AG	4.49%
Xinyi Solar Holdings...	6.84%	Canadian Solar Inc.	4.46%
Sunrun Inc.	6.70%	Vivint Solar Inc	4.36%
		Total Top 10 Weighting	57.92%

자료: ETF.com

설치비용이 무려 85%까지 하락하며 가격경쟁력이 생겼고, 에너지 효율은 기술의 발달로 더욱 좋아져 소비자들의 접근성이 높아졌다. 미국과 중국의 정책 모멘텀을 받아 태양광 시장이 다시 성장궤도에 진입하는 시그널이 나타나고 있다. 즉, 현재 태양광 시장이 급속도로 하락한 솔라패널 설치비용과 정부의 보조금 혜택, 그리고 기후변화로 인한 그린에너지로의 전환으로 인한 혜택을 모두 받을 수 있는 산업으로 향후 성장성이 매우 높음을 의미한다고 할 수 있다.

··· TIGER 미국 나스닥100 ···

산출기관 및 대상종목은 NASDAQ OMX Group, 미국 나스닥증권 시장에 상장된 100개 종목이다. 컴퓨터 하드웨어·소프트웨어, 통신, 도·소매 무역, 생명공학 등의 업종 대표주로 구성되며, 투자회사를 비롯한 금융회사는 편입되지 않는다. 산출방법은 수정된 시가총액 가중평균방식 및 분기별 리밸런싱(3월, 6월,9월,12월)이며 기준일 및 기준지수는 1985년 1월 31일이다.

NASDAQ OMX Group이 발표하는 The NASDAQ100 Indes를 추적대상지수로 해서 1좌당 순자산가치의 변동률을 기초지수의 변동률과 유사하도록 투자신탁재산을 운용한다. 단, 환노출형으로서 원달러 환율변동율을 반영한 기초지수 수익률 추종을 운용목표로 하고 있다.

기초지수 추종을 위해 지수를 구성하는 종목 전체를 편입하는 완전복제전략을 원칙으로 하되, 필요 시 최적화 기법을 적용해서 일부 종목만 편입하는 부분복제전략을 사용한다. 한편 동 ETF는 환노출형으로서 별도의 환위험 헤지전략을 수행하지 않는다.

표4 ◆ 기본정보

규모	273,932,819,597원	최초상장일	2010/10/15
기초지수	NASDAQ100 INDEX	거래단위	1주
환헤지 사항	환헤지 실시 여부	설정단위(1CU)	100,000좌

자료: 미래에셋자산운용

표5 ◆ 구성종목(2020년 7월 14일 기준)

번호	종목명	비중
1	Apple Inc	11.87%
2	Microsoft Corp	11.57%
3	Amazon.com Inc	11.34%
4	Facebook Inc	4.21%
5	Alphabet Inc	3.77%
6	Alphabet Inc	3.68%
7	Tesla Inc	2.61%
8	NVIDIA Corp	2.35%
9	Intel Corp	2.30%
10	Netflix Inc	2.19%

자료: 미래에셋자산운용

표6 ◆ 수익률

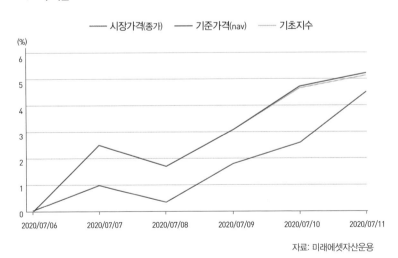

자료: 미래에셋자산운용

··· Invesco QQQ Trust Series1 ···

QQQ는 100개의 NASDAQ 상장 주식의 수정된 시가총액 가중지수를 추적한다. QQQ는 세계적으로 가장 잘 확립되고 가장 활발하게 거래되는 ETF 중 하나다. 종종 '트리플 Q'라고도 한다. 이 상품은 단위투자신탁으로 구성된 ETF 중 하나다. 지수의 규칙에 따라, 펀드는 나스닥에 상장된 주식에만 투자한다.

QQQ는 인베스코 자산운용에서 운영한다. 나스닥 시가총액이

그림10 ◆ QQQ 개요

전일 종가	258.54	금일 변동	253.43 ~ 259.35	투자수익률 (TTM)	N/A
금일 시가	255.93	52주 변동폭	164.93 ~ 269.76	배당금 (TTM)	N/A
거래량	20,431,718	총 시가	65.22B	배당수익률	0.8%
평균 거래량	43,131,693	총 자산	43.645B	베타	1.17
1년 변동률	33.59%	발행주식수	395,150,000	자산등급	주식

상위 100개 회사 기업에 주로 투자하지만, 잠재적으로 변동이 심한 기술주를 투자하다 보니 위험이 있다. 기술주가 차지하는 비중은 무려 63%이며, 주식에 관심이 없더라도 대부분 한 번쯤 들어본 기업에 투자한다. 즉, 기술과 성장 위주의 기발하고 인기가 많은 회사를 좋아한다. MSCI ESG 펀드 등급 A다.

비중은 3월, 6월, 9월에 리밸런싱하며 4.5% 이상 합이 48% 이상이 되면 40%가 되도록 4.5% 이상 주식만 비중을 조정한다.

그림11 ◆ QQQ 차트 및 성과

PERFORMANCE (as of 07/10/20)	1 MONTH	3 MONTHS	YTD	1 YEAR	3 YEARS	5 YEARS	10 YEARS
QQQ	7.39%	31.65%	24.64%	38.19%	24.93%	20.76%	20.70%
ticker (NAV)	7.95%	30.75%	23.69%	38.54%	24.92%	20.95%	20.62%
NASDAQ-100 Index	7.42%	31.84%	24.73%	38.51%	25.21%	21.01%	20.62%
MSCI USA Large Cap Index	0.97%	16.12%	1.98%	11.40%	12.93%	11.96%	14.19%

자료: ETF.COM

FAANG(페이스북, 아마존, 마이크로소프트, 애플, 구글) 같은 주식에서 나온 수익을 차기 2세대로 성장할 만한 기업에 투자하는 것이다. 그림11을 보면 7월 주가는 역사적 신고가를 만들며 기술주의 바람이 불었다.

그림12를 보자. QQQ ETF는 미국 기업에 98.49%라는 압도적 비중으로 투자하고 있다. 이 외에 홍콩, 중국, 네덜란드, 캐나다에

그림12 ◆ QQQ ETF 지역별·섹터별·기업별 비중

QQQ Top 10 Countries

United States	98.49%	Netherlands	0.25%
Hong Kong	0.82%	Canada	0.00%
China	0.44%		

QQQ Top 10 Sectors

Technology	63.41%	Industrials	2.44%
Consumer Cyclicals	20.69%	Telecommunications…	1.27%
Healthcare	7.60%	Utilities	0.74%
Consumer Non-Cycli…	3.85%		

QQQ Top 10 Holdings [View All]

Apple Inc.	11.86%	Alphabet Inc. Class C	3.70%
Microsoft Corporation	11.56%	Tesla Inc	2.61%
Amazon.com, Inc.	11.38%	NVIDIA Corporation	2.35%
Facebook, Inc. Class A	4.20%	Intel Corporation	2.29%
Alphabet Inc. Class A	3.78%	Netflix, Inc.	2.20%
		Total Top 10 Weighting	55.92%

자료: ETF.com

1% 미만 투자 비중이다. 기술주 비중이 가장 높으며, 소비재, 헬스케어, 산업재, 통신, 유틸리티에도 투자한다. 종목별 비중은 애플, 마이크로소프트, 아마존이 약 35%다. QQQ ETF는 코로나19 이후 언택트 분위기와 함께 가파른 성장세를 보여주고 있다.

··· KBSTAR 중국 MSCI China선물(H) ···

MSCI China Index는 전 세계에 상장된 중국 신경제 관련 종목에 집중 투자하는 지수로, 홍콩에 상장된 H주, Red Chip(홍콩에 상장된 해외등록 중국 국영기업), P-chip(홍콩에 상장된 중국 민영기업), ADR(미국 예탁 증권) 및 본토 A주까지 편입한 지수다.

표7 ◆ 기본정보

ETF 유형	주식형	설정일	2018/11/28
순자산	84.73억 원	총보수	연 0.6%
벤치마크	MSCI China NTR Index(USD)	승수	
주당가격		분배금 지급	회계기간 종료일
사무수탁사	한국씨티은행	설정단위	50,000CU
AP	미래에셋대우, 키움증권	LP	미래에셋대우, 키움증권

자료: KB자산운용

표8 ◆ 구성종목

번호	종목명	보유비중
1	설정현금액	100%
2	원화예금	100%
3	MSCI ChinaFree NT Sep20	99.68%

자료:KB자산운용

표9 ◆ 수익률

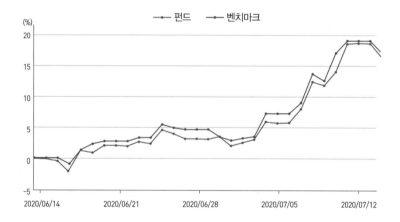

자료: KB자산운용

··· Samsung CSI China Dragon Internet ETF ···

Samsung CSI China Dragon Internet ETF는 홍콩 법에 따라 설립된 엄브렐라형 단위신탁인 Samsung ETFs Trust II의 하위 펀드다. 하위 펀드의 단위는 홍콩 주식 거래소(SEHK)에 상장되어 있다. 이 단위는 상장주식과 같이 SEHK에서 거래된다.

그림13 ◆ 2812 개요

전일 종가	19.04	금일 변동	17.96 - 18.95	투자수익률 (TTM)	N/A
금일 시가	18.95	52주 변동폭	9.7 - 19.25	배당금 (TTM)	N/A
거래량	810,100	총 시가	N/A	배당수익률	N/A
평균 거래량	216,093	총 자산	N/A	베타	N/A
1년 변동률	75%	발행주식수	N/A	자산등급	주식

자료: investing.com

표10 ◆ 구성종목

번호	종목명	비중
1	MEITUAN DIANPING-CLASS B	16.34%
2	TENCENT HOLDINGS LTD	15.43%
3	ALIBABA GROUP HOLDING-SP ADR BABA	14.12%
4	JD.COM INC-ADR	7.29%
5	PINDUODUO INC-ADR	7.02%
6	BAIDU INC-SPON ADR SPONS ADS REPR 0.10 ORD CLS'A'US0.00005	5.85%
7	NETEASE INC-ADR ADR EACH REPR 25 COM STK USD0.0001	4.93%
8	TAL EDUCATION GROUP-ADR ADS EA REPR 2 CL AORD SHS	4.6%
9	XIAOMI CORP-CLASS B	4.2%
10	EAST MONEY INFORMATION COA 300059	3.27%

자료: investing.com

표11 ◆ 수익률(%)

구분	1달	3달	6달	1년	전년동기대비	최소수익률대비
Samsung CSI China Dragon Internet ETF	19.2	51.19	31.28	69.18	44.92	18.35
CSI Global China Internet ETF	19.64	52.05	32.31	71.98	46.25	22.18

자료: investing.com

⋯ KODEX 글로벌 4차산업 로보틱스(합성) ⋯

ROBO Global Robotics & Automation UCITS Index Price Return 지수는 로봇 및 자동화 관련 기술에서 매출이 발생하는 글로벌 기업(65~200종목)으로 구성된다. 지수 구성 종목은 로봇 및 자동화 산업에서의 직접적인 회사 매출 여부에 따라 'Bellwether'와 'Non-bellwether'로 분류되고 Bellwether 구분 내에서 동일가중 방식으로 산출된다.

표12 ◆ 기본정보(2020년 7월 13일 기준)

순자산총액	171억 원	사무수탁사	KSD (한국예탁결제원)
상장일	2017/08/17	수탁은행	KB은행
총보수	연 0.300% (지정참가회사: 0.010%, 집합투자: 0.250%, 신탁: 0.020%, 일반사무: 0.020%)	설정단위	1,000좌
분배금 지급	미지급	최소거래단위	1주

자료: 삼성자산운용

표13 ◆ 구성종목

번호	종목명	지수 내 비중
1	DAIFUKU CO LTD	1.72%
2	MANHATTAN ASSOCIATES INC	1.70%
3	NVIDIA CORP	1.68%
4	ILLUMINA INC	1.65%
5	AEROVIRONMENT INC	1.64%
6	SERVICENOW INC	1.64%
7	COGNEX CORP	1.63%
8	IROBOT CORP	1.61%
9	KARDEX HOLDING	1.61%
10	BROOKS AUTOMATION INC	1.60%

*상위 10개 종목 표기

자료: 삼성자산운용

표14 ◆ 수익률

자료: 삼성자산운용

··· Global X Robotics & Artificial Intelligence ETF ···

BOTZ는 로봇 또는 인공지능의 개발 및 생산과 관련된 회사에 시가총액 선택 및 가중치를 두어 추적한다. Global X 로봇공학 및 인공지능 주제별 ETF는 시가총액 선택 및 가중지수를 통해 로봇공학 및 인공지능의 개발 및 생산에 종사하는 기업에 투자한다.

그림14 ◆ BOTZ 개요

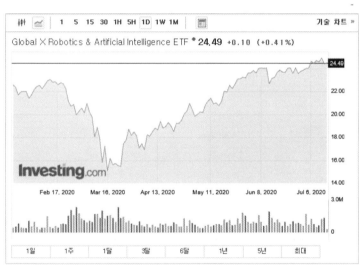

전일 종가	24.39	금일 변동	24.27 - 24.5	투자수익률 (TTM)	N/A
금일 시가	24.33	52주 변동폭	14.77 - 25	배당금 (TTM)	N/A
거래량	256,320	총 시가	N/A	배당수익률	N/A
평균 거래량	859,960	총 자산	11.38M	베타	N/A
1년 변동률	21.52%	발행주식수	N/A	자산등급	주식

자료: investing.com

그림15 ◆ BOTZ 차트 및 성과

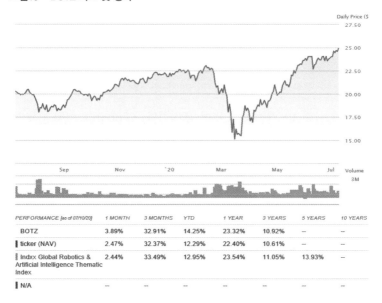

PERFORMANCE [as of 07/10/20]	1 MONTH	3 MONTHS	YTD	1 YEAR	3 YEARS	5 YEARS	10 YEARS
BOTZ	3.89%	32.91%	14.25%	23.32%	10.92%	--	--
ticker (NAV)	2.47%	32.37%	12.29%	22.40%	10.61%	--	--
Indxx Global Robotics & Artificial Intelligence Thematic Index	2.44%	33.49%	12.95%	23.54%	11.05%	13.93%	--
N/A	--	--	--	--	--	--	--

자료: ETF.COM

그림16 ◆ BOTZ ETF 지역별·기업별 비중

BOTZ Top 10 Countries

Japan	42.91%	Canada	2.38%
United States	38.98%	Finland	1.26%
Switzerland	9.70%	Germany	0.76%
United Kingdom	3.68%	Korea, Republic of	0.33%

BOTZ Top 10 Holdings [View All]

ABB Ltd.	8.68%	Tecan Group AG	4.85%
NVIDIA Corporation	8.49%	Renishaw plc	4.85%
Fanuc Corporation	7.87%	Yaskawa Electric Cor...	4.81%
Keyence Corporation	7.78%	Daifuku Co., Ltd.	4.80%
Intuitive Surgical, Inc.	7.57%	OMRON Corporation	4.44%
		Total Top 10 Weighting	64.14%

자료: ETF.com

BOTZ는 Global X Funds에서 운용한다. 2016년 9월 12일에 상장되었으며 주로 로봇 및 AI 관련 기업에 투자한다. 보유종목 35종목으로 보수율은 0.68%다. 운용자산은 13억 달러로 ROBO가 2년 먼저 출시되었다는 점을 고려할 때 시장에 대한 관심이 상당히 크다.

사업 목적을 구체적으로 명시해야 하는 기업 중 선진국에 상장되어 있으며 로봇 공학 또는 인공 지능 분야에서 적격인 기업에 투자하는데, 이 분야에는 드론 개발에서 의료 로봇 및 예측 분석 소프트웨어에 이르기까지 다양한 응용 분야가 포함된다. 전통적인 섹터 분류 시스템으로 볼 때, BOTZ는 산업 및 기술에 크게 의존하고 있으며 바스켓은 소규모로 집중되어 있다.

그림16을 보자. BOTZ는 약 43% 비중으로 일본 기업에 가장 많이 투자한다. 두 번째로는 미국 39%이며, 일본과 미국을 합하면 80% 넘는 비중이 설정되어 있다. 주로 산업용 로봇 및 기계 생산 기업이 많이 투자하는데, 산업용 로봇이 일본 쪽이 강하다 보니 일본 기업 비중이 크다. 종목별로 ABB, 엔비디아, Keyence, Fanuc 등에 투자한다. 탑10 비중이 64.14%다.

전 세계적으로 산업용 및 가정용 로봇의 인공지능 수요가 높아지고 있어 관련 기술 개발이 꾸준히 이루어지고 있고, 4차 산업혁명은 인공지능 시대에 맞는 ETF들이 인기 있다. 앞으로도 BOTZ의 전망은 밝을 것으로 기대된다.

Global X Robotics & Artificial Intelligence ETF는 MSCI ESG 펀드 등급 A다.

··· KBSTAR 미국 고정배당우선증권 ICE TR ···

KBSTAR 미국고정배당우선증권ICE TR ETF는 ICE BofAML Core Plus Fixed Rate Preferred Securities Index를 기초지수로 해서 기초지수와의 추적오차가 최소화되도록 운용하는 것을 목표로 한다.

표15 ◆ 기본정보

ETF 유형	주식형	설정일	2020/05/08
순자산	69.8억 원	총보수	연 0.5%
벤치마크 (BM)	ICE BofA Core Plus Fixed Rate Preferred Securities Index(KRW)	승수	
주당가격		분배금지급	투자신탁 회계기간 종료일
사무수탁사	한국씨티은행	설정단위	50,000CU
AP	KB증권, NH투자증권, 키움증권	LP	KB증권, NH투자증권, 키움증권

자료: KB자산운용

표16 ◆ 구성종목

번호	종목명	보유비중
1	설정현금액	100%
2	Invesco Preferred ETF	23.13%
3	원화예금	2.77%
4	ALL 5.1 PERP	1.39%
5	GS 5 1/2 PERP	1.31%
6	USB 6 1/2 PERP	1.20%
7	NEE 5.65	1.19%
8	DUK 5 3/4 PERP	1.12%
9	TFC 5.2 PERP	1.08%
10	JPM 6 PERP	1.05%

*상위 10개 기업 표기

자료:KB자산운용

표17 ◆ 수익률

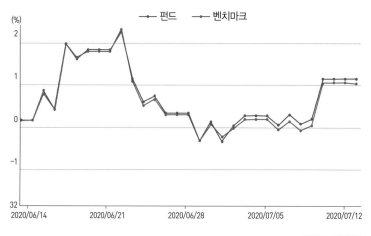

자료: KB자산운용

··· First Trust Preferred Securities and Income ETF ···

FPE는 시가총액 스펙트럼 전반에 걸쳐 우선주 및 채권 이자수익을 추구하는 ETF다. FPE는 우선주, 즉 고정 수입이 나온 기업 투자에 중점을 둔다. 적극적으로 관리되는 자금으로서, 그 기울기는 역동적이며 종종 한 부문 또는 다른 부문에 집중되어 있다. 이 펀드는 평균기간이 매우 길기 때문에 상당한 금리 위험을 수반한다. 포트폴리오의 절반 이상이 퍼스트 트러스트 투자 등급(또는 등급 미

그림17 ◆ FPE 개요

전일 종가	18.45	금일 변동	18.48 - 18.53	투자수익률 (TTM)	N/A
금일 시가	18.52	52주 변동폭	10.4 - 20.5	배당금 (TTM)	N/A
거래량	213,387	총 시가	N/A	배당수익률	N/A
평균 거래량	1,891,418	총 자산	1.64B	베타	N/A
1년 변동률	- 5.67%	발행주식수	N/A	자산등급	채권

자료: investing.com

260

정)보다 낮다. First Trust Preferred Securities & Income ETF는 MSCI ESG 펀드 등급 A다.

개요를 보자. FPE는 First Trust에서 운용하는 ETF다. 운용규모는 2020년 9월 기준 약 53억 달러이며, 보수율은 0.85%로 다소 높다. 현재 247개 종목이 편입되어 있으며, 시가배당률이 5%대인 월배당 우선주 ETF다. 차트를 보면 코로나19 이후 3월과 4월에 주가가 크게 오른 이후, 7월까지 완만한 상승 추이다.

그림18 ◆ FPE 차트 및 성과

PERFORMANCE (as of 07/10/20)	1 MONTH	3 MONTHS	YTD	1 YEAR	3 YEARS	5 YEARS	10 YEARS
FPE	-0.49%	4.69%	-5.08%	0.19%	2.96%	5.33%	--
▌ticker (NAV)	-0.68%	6.92%	-4.61%	0.58%	3.11%	5.40%	--
▌No Underlying Index	--	--	--	--	--	--	--
▌N/A	--	--	--	--	--	--	--

자료: ETF.COM

그림19 ◆ FPE ETF 기업별 비중

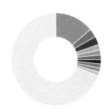

FPE Top 10 Holdings [View All]

CORPORATE B...	13.91%	Barclays Plc 7.8...	1.63%
Emera Incorpor...	2.98%	Enel SpA 8.75...	1.47%
EQUITY OTHER	2.93%	GMAC Capital T...	1.45%
Barclays Plc 8.0...	1.92%	Wells Fargo & ...	1.44%
AerCap Holding...	1.79%	U.S. Dollar	1.33%
		Total Top 10 We...	30.85%

자료: ETF.COM

그림19를 보면 주로 금융 섹터 비중이 높으며, 탑10 비중은 약 30%다. 미국 우선주의 경우 정액 배당을 지급하는 특징이 있어서 회사채와 유사한 특징을 가진다. GMAC Captial Trust1, Energy Transfer Operating LP, Morgan Stanley 상위 종목이며, 현금 비중이 70% 이상이다.

불타는 ETF 시장⋯ 자산운용업계 경쟁도 '후끈'

머니투데이, 2020년 4월 14일

 news.mtn.co.kr/newscenter/news_viewer.mtn?gidx=2020
041416114 786579

현재 ETF 시장은 삼성자산운용과 미래에셋자산운용이 77%를 차
지하고 있다. 순자산규모는 삼성자산운용이 24조 원 이상, 미래에
셋자산운용이 10조 원 이상이다.

과거에는 액티브 공모펀드의 수요가 높았는데 이젠 투자자들이
투자 자율성이 높은 패시브 ETF로 몰리는 추세다. 또한 라임자산
운용 사태로 인해 사모펀드의 불신이 커지면서 ETF로 신규 자금
이 유입되었다.

2020년 4월 ETF 순자산규모는 한 달 만에 8조 원 가까이 늘었
다. 또한 하루 거래대금이 두 달 연속 6조 원 대를 기록하면서 ETF
일 평균 거래대금이 3월 6조 8천억 원, 4월 6조 4천억 원 등 지난
1월과 2월 대비 3~5배가 늘어났다.

표18 ◆ 국내 자산운용사 ETF 순자산규모 현황

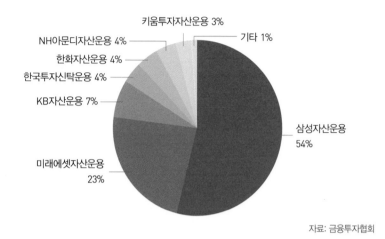

키움투자자산운용 3%

NH아문디자산운용 4%

기타 1%

한화자산운용 4%

한국투자신탁운용 4%

KB자산운용 7%

삼성자산운용
54%

미래에셋자산운용
23%

자료: 금융투자협회

거래대금이 늘어난 가장 증시 급락으로 인해 KODEX200, KODEX 레버리지와 같은 지수 관련 ETF 상품 거래가 급증했기 때문이다. 주식을 잘 모르는 투자자들도 위험을 줄일 수 있는 ETF의 분산효과와 거래의 용이성 덕분에 투자를 시작할 수 있어, ETF로 투자자금이 유입된 것이다.

자금이 몰려오다 보니 자산운용업계에서 신규 투자자를 붙잡기 위해 다양한 기초자산으로 이루어진 ETF를 출시했다. 국내뿐만 아니라 해외 ETF 상품 개발을 위해 해외 ETF 운용사를 인수, 설립하며 ETF 공략에 나섰다. 미래에셋자산운용은 미국 ETF 전문운용사인 '글로벌 X'를 인수하고, 일본 다이와증권과 합작해 일본 시장에도 진출했다.

또한 2차전지의 성장세로 덕분에 2차전지 관련 ETF를 찾는 투

그림20 ◆ TIGER 2차전지 ETF 일봉차트

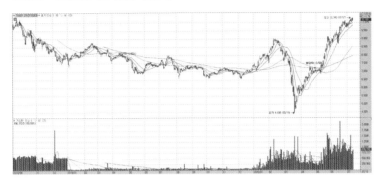

그림21 ◆ KODEX 2차전지산업 ETF 일봉차트

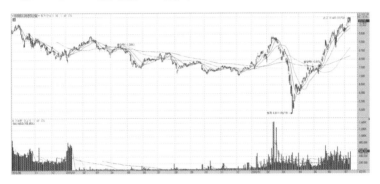

자자도 늘어났다. TIGER 2차전지 ETF는 순자산이 1천억 원을 돌파했다. 글로벌 전기차 시장과 ESS(에너지저장시스템) 성장에 직접적인 혜택을 받는 2차전지 밸류체인 종목들에 투자했고, 주가 상승으로 인해 ETF 순자산가치가 늘어났다.

추후에는 자산운용사들이 언택트(비대면) 관련 산업 ETF 상품을 다양하게 출시할 것으로 기대된다. 코로나19로 인해 소비자가 집에서 보내는 시간이 많아지면서 온라인 쇼핑(e-commerce), 게임,

홈인테리어, 온라인교육, 결제, 원격근무·원격진료 등 플랫폼 기업이 성장했다. 이렇듯 언택트 사회가 하나의 트렌드로 자리 잡고, 메모리 반도체와 2차전지 수요가 증가하면서 다양한 테마의 ETF 상품이 나올 예정이다.

자산운용사들이 투자자들의 요구를 잘 파악하고 공략할 수 있어야 자산운용사 경쟁에서 살아남을 것이다.

용어 해설

PART 1

ETF ETF(Exchange Traded Fund)는 말 그대로 인덱스펀드를 거래소에 상장시켜 투자자들이 주식처럼 편리하게 거래할 수 있도록 만든 상품이다.

ETN 상장지수채권을 말한다. ETN은 ETF와 마찬가지로 거래소에 상장되어 손쉽게 사고팔 수 있다. 주로 증권사가 자사의 신용에 기반해 발행하며 기초지수의 수익률에 연동하는 수익 지급을 약속한다. ELS에 비해 구조가 단순하고 만기 이전 반대 매매가 가능하다.

기준금리 한국은행의 최고 결정기구인 금융통화위원회에서 매달 회의를 통해서 결정하는 금리다.

역외 ETF 미국 뉴욕 또는 나스닥 시장에 상장된 글로벌 ETF를 이야기한다. 미국이 아닌 다른 국가 주식 시장에 상장된 ETF도 있지만, 아무래도 미국이 가장 큰 주식 시장이다 보니 미국 증시에 상장된 ETF가 종목수도 가장 많고 규모도 크다.

연금저축 개인 노후 보장 및 장래의 생활 안정을 목적으로 5년 이상 납입(연간 한도 1,800만 원)한 금액을 적립해, 만 55세 이후 10년 이상 분할해 연금으로 수령하는 상품이다. 연간 납입액 중 400만 원 한도 [종합소득금액 1억 원(근로소득만 있는 경우 총급여액 1억 2천만 원) 초과자는 300만 원] 안에서 13.2%를 세액공제 받을 수 있다. 종합소득금액이 4천만 원 이하이거나 근로소득만 있는 경우, 연간 총급여액이 5,500만 원 이하인 사람은 세액공제율이 16.5%다.

개인형 퇴직연금(IRP) 회사가 노동자에게 지급하는 퇴직금과 별도로 노동자(자영업자도 가능) 개인이 퇴직금 계좌를 만들어 불입하는 금융상품이다. 최소 납입기간은 5년이다. 55세 이후 연금 또는 일시금으로 찾아 쓸 수 있다. 연간 납입액 중 연금저축을 합쳐 최대 700만 원까지 세액공제 혜택을 받을 수 있다. 총급여가 5,500만 원 이하일 경우 16.5%, 5,500만 원을 넘는 경우 13.2%의 세액공제율을 적용받아 세금을 돌려받을 수 있다.

퇴직연금제도 사용자가 퇴직급여 재원을 퇴직연금사업자에 적립·운용하고 근로자 퇴직 시 연금 또는 일시금으로 퇴직급여를 지급하는 제도다. 계속근로기간이 1년 이상인 근로자가 있는 모든 사업장은 의무적으로 퇴직급여제도(퇴직금제도 혹은 퇴직연금제도)를 설정해야 한다. 퇴직연금제도 미도입 사업장은 퇴직금제도를 적용한다.

확정급여형(DB; Defined Benefit) 퇴직급여가 확정급여 산출공식(퇴직 시점 평균 임금×근속연수)에 사전에 결정되는 제도다. 사용자는 매년 최소적립금 이상을 적립하고 적립금 운용방법을 결정하며 자산 운용결과에 대한 책임을 진다.

확정기여형(DC; Defined Contribution) 사용자 부담금액이 확정기여 산출공식(연간 임금 총액의 1/12 이상)에 따라 사전에 결정되는 제도다. 사용자는 매년 임금의 1/12 상당 금액 이상을 근로자 계정에 납입하고, 근로자는 적립금 운용방법을 결정하고 운용결과에 따라 퇴직급여를 수급한다.

과세이연효과 퇴직자가 퇴직금을 IRA로 이전하면 퇴직금이 퇴직 시 과세되지 않고 IRA를 인출할 때 과세된다. 결과적으로 세금을 내는 시점을 미룰 수 있어, IRA 계좌에서 금융상품을 퇴직소득세 금액만큼 더 구입할 수 있는 효과가 생기는데, 이러한 효과를 '과세이연효과'라 한다.

비과세 비과세란 세금을 부과하지 아니하는 것으로, 원래는 조세를 부과·징수해야 하나 중앙정부 또는 지방정부가 특정 정책 목적을 수행하기 위해, 그리고 과세대상에 포함시키는 데 과세기술상 적합치 않기 때문에 특별한 신청이나 승인 등의 절차가 없이도 과세되지 않는 것으로, 국가 또는 지방자치단체가 조세정책상 과세권을 포기하는 것을 말한다.

비과세와 유사한 용어로서 혼용되고 있는 면세 또는 세액의 면제·공제가 있다. 면세와 비과세는 결과적으로 조세 부담을 하지 않는다는 법적 효과는 같으나, 면세는 납세자의 신고·신청에 따라 면세 또는 면제되는 경우가 일반적이다.

기초지수 ETF가 추종하고자 하는 지수를 말하며, 통상 비교지수, 벤치마크(Benchmark) 등으로도 불린다. 투자자는 ETF의 수익률과 기초지수의 수익률을 비교해봄으로써 ETF의 성과를 확인할 수 있다.

기준가격 펀드업계에서는 통상 '1좌당 순자산가치'를 줄여 '기준가격'이라는 용어를 사용한다. 순자산가치란 ETF가 보유하고 있는 주식이나 채권은 물론 현금 등을 모두 포함하는 자산총액에서 운용보수 등 ETF 운용 중 발생한 부채총액을 차감한 순자산가액을 말한다. 즉, ETF가 보유하고 있는 자산가치를 모두 반영해 산출되는 'ETF 1좌당 가치'다. ETF의 기준가격은 일반 펀드와 마찬가지로 전일종가를 기준으로 하루 1번 발표한다.

실시간기준가격(iNAV) ETF의 기준가격은 장중 실시간으로 변하는 ETF 기초자산의 가치변화를 고려할 때 별 도움이 되지 않는다. 이런 점을 보완하기 위해 일종의 참조용 기준가격으로 고안된 것이 '실시간기준가격'이다. ETF에 포함된 기초자산의 가치변화를 고려해 실시간으로 계산되어 통상 매 10초마다 발표되고 있다.

시장가격 ETF가 시장에서 매매될 때 형성된 실제 1좌당 거래가격을 말한다. 그런데 시장가격은 가장 최근에 체결된 거래가격을 의미할 뿐이므로, 기준가격 또는 매 10초마다 정기적으로 갱신되는 실시간기준가격과는 차이가 날 수 있다. 만일 시장에서 거래가 활발한 ETF라면 시장가격과 실시간기준가격 간 차이가 작아질 것이다.

호가스프레드 ETF를 사고자 하는 가격 중 가장 비싼 가격(최우선 매수호가)과 팔고자 하는 가격 중 가장 싼 가격(최우선 매도호가) 간 차이를 말한다. ETF는 최소 5원 단위로 호가를 제시할 수 있으므로, 만일 ETF의 호가스프레드가 5원이라면 가장 유동성이 좋은 편이라고 말할 수 있다. 반면 그 차이가 10원, 20원, 30원… 벌어질수록 스프레드 비용이 발생한다.

할증거래와 할인거래 ETF의 시장가격이 기준가격이나 실시간기준가격보다 높게 형성된 거래다. ETF가 비싸게 거래된 경우를 할증거래라 말하고, 반대로 ETF의 시장가격이 기준가격이나 실시간기준가격보다 낮게 형성되어 ETF가 싸게 거래된 경우를 할인거래라고 말한다.

유통시장 ETF를 주식처럼 사거나 팔 수 있도록 개설된 증권 시장을 말한다. 국내에서 상장주식을 매매할 수 있는 한국거래소가 ETF의 유통시장 기능을 하고 있다

발행시장 ETF를 펀드로서 설정하거나 환매할 수 있는 시장을 말한다. ETF별로 지정된 증권회사를 통해 펀드에 투자하는 방법과 유사한 방법으로 설정이나 환매를 할 수 있다. 다만 발행시장에서 ETF는 거래단위가 최소 수억 원에서 수십억 원까지 비교적 큰 편이고, 환매 시 원천징수 등 절차상 어려움이 있어 개인 및 일반법인의 거래보다는 금융기관들의 거래가 주를 이루고 있다.

최소설정단위(CU) 유통시장에서 ETF는 1주 단위로 자유롭게 거래할 수 있지만 발행시장에서는 ETF를 설정하거나 환매할 수 있는 최소 거래단위가 지정되어 있는데, 이것을 CU라고 부르고 있다. 1CU당

ETF 좌수는 각 ETF별로 1만 주, 2만 주, 10만 주 등으로 정해져 있으며, 금액으로는 수억 원에서 수십억 원까지 다양하게 분포한다.

납입자산구성내역(PDF) 발행시장에서 ETF 설정을 원할 경우 투자자가 준비해서 ETF에 납입해야 하는 자산구성내역이다. 마찬가지로 ETF를 환매하는 경우에도 투자자는 PDF에 정해진 바에 따라 자산을 수령한다. PDF는 1CU를 기준으로 작성되며, 주식과 같은 현물로 구성되는 경우도 있고, 현금으로만 구성되는 경우도 있다. 중요한 것은 ETF를 설정하거나 환매할 때는 반드시 PDF에 지정된 자산을 납입하거나 받게 된다는 점이다.

유동성공급업자(LP) 유통시장에서 ETF 매매가 원활하게 이루어질 수 있도록 ETF의 유동성을 책임지는 증권회사를 말한다. 통상 AP 중에서 1개사 이상이 LP로 지정되며, LP는 일정 수준의 호가 범위 안에서 매수와 매도 물량을 공급해야 한다. 이를 통해 투자자는 장중 대부분의 시간 동안 ETF의 NAV 또는 iNAV에서 크게 벗어나지 않는 가격으로 거래할 수 있으며, 거래량이 낮은 ETF라도 언제든지 거래가 가능해진다. (다만 오전 8:40~9:00 및 오후 3:20~3:30까지의 동시호가시간대에는 LP의 호가제공 의무가 없다.)

지정참가회사(AP) 발행시장에서 투자자와 ETF 운용회사(집합투자업자) 사이에서 설정 또는 환매를 위한 창구 역할을 하는 증권회사를 말한다. ETF별로 복수의 AP를 지정하고 있으며, AP는 투자자의 요청이 있는 경우 투자자를 대신해 설정 또는 환매에 필요한 PDF를 직접 매매해줌으로써 투자자가 현금만으로 ETF를 설정 또는 환매할 수 있도록 지원해주기도 한다.

괴리율 ETF의 시장가격과 기준가격(NAV) 간 차이가 얼마나 나는지를 비율로 표시한 지표다. ETF의 특성상 시장가격과 기준가격 사이에 괴리가 발생할 수 있지만, 그 정도가 비정상적으로 크고 오래 지속되는 경우(동시호가 시간 제외)에는 LP의 매수·매도 호가제공 활동이 원활하지 못해 ETF가 적정가격에 거래되고 있지 않은 경우다.

추적오차 ETF의 수익률이 기초지수의 수익률과 얼마나 정확히 일치하고 있는지 확인시켜주는 지표다. 추적오차가 낮을수록 ETF 본연의 목적에 충실한 좋은 ETF라고 할 수 있다. 특정 기간의 수익률을 비교해보는 방법보다 과거 일정 기간 두 수익률 간의 일간 표준편차를 구해보는 방법이 좀 더 정확한 방법이라고 할 수 있다. 추적오차는 ETF 운용회사의 운용능력과 직결된다. 복제방법과 복제수준, 운용보수, 기초자산에서 발생하는 배당금 및 이자 등 다양한 원인에 따라 추적오차의 정도가 결정되기 때문이다.

분배락 ETF를 보유하다 보면 분배금을 받게 되는데, 이 분배금을 받을 수 있는 권리가 없어지는 날 ETF 가격이 하락하는 분배락이 발생한다. ETF는 보유 중인 자산에서 발생하는 주식으로부터의 배당금이나 기초자산의 대여 등을 통해 운용수익을 얻는데, 이러한 수익이 계속 ETF에 쌓이게 되면 기초지수의 움직임과 차이를 발생시킬 수 있다. 따라서 ETF 내에 쌓인 일정 수준의 수익을 분배금 형태로 투자자에게 지급한다. 분배금의 지급 여부와 규모는 운용회사가 ETF의 상황을 고려해 결정하며, 분배금 지급기준일에 맞춰 ETF 가격이 하락하는 분배락이 발생하게 된다.

분산투자   증권투자 시 기대투자수익을 올리는 데 있어 투자위험을 줄이기 위해 여러 종목의 증권에 분산해 투자함으로써 개개의 위험을 서로 상쇄, 완화토록 하는 투자방법이다.

유동성   자산을 현금으로 전환할 수 있는 정도를 나타내는 경제학 용어다.

자산운용사   채권과 주식을 매매하고 펀드를 관리하는 펀드매니저가 있는 회사로 뮤추얼펀드에 모인 돈을 운용한다.

PER(Price Earning Ratio)   주가수익비율이라고 불린다. PER는 주가를 주당순이익(EPS)으로 나눈 수치로 계산되며 주가가 1주당 수익의 몇 배가 되는가를 나타낸다.

PBR(Price—book Value Ratio)   주가를 주당순자산으로 나눈 비율이다. 순자산은 회사를 청산할 때 주주가 받을 수 있는 가치를 뜻한다. 수치가 1배보다 낮으면 주가가 청산가치만도 못하다는 의미다.

ROE(Return On Equity)   투입한 자기자본이 얼마만큼의 이익을 냈는지를 나타내는 지표다. 자기자본이익률이라고 한다.

이론가치   수학적인 모델에 의해 계산되는 옵션 또는 스프레드의 가격이다.

내재가치   기업의 내재가치는 현재의 순자산액을 나타내는 자산가치와 장래의 수익력을 평가한 수익가치를 포함한 개념이다. 자산가치는 해당 기업의 순자산액을 발행주식 총수로 나누어 계산한다. 여기서 순자산액이란 대차대조표상의 자기자본에서 실질적인 자산성이 없는 이연자산이나 부실자산을 차감한 금액을 의미한다. 수익가치는 기업의 장래 수익력을 현재가치로 평가한 금액을 의미하며 장래의 1주당 추정이익을 이자율로 나누어 계산한다.

호가 회원이 매매 거래를 하기 위해 시장에 제출하는 상장유가증권의 종목, 수량, 가격 등의 매매요건 또는 그의 제출행위를 말한다.

유통주식수 상장법인의 총발행 주식 중 최대주주 지분 및 정부 소유주 등을 제외하고 실제 시장에서 유통이 가능한 주식이다.

액면분할 납입자본금의 증감 없이 기존 주식의 액면가격을 일정 비율로 분할해 발행주식의 총수를 늘리는 것을 말한다.

유상증자 기업이 주식을 추가로 발행해 자본금을 늘리는 것이다.

기초자산 선물 또는 선도, 옵션 계약의 거래대상이 되는 상품이다. 대상자산이라고도 한다. 선물이나 옵션 등 파생금융상품에서 거래대상이 되는 자산으로 파생상품의 가치를 산정하는 기초가 된다. 파생상품에 따라 기초상품·기초증권·기초주식·기초지수·기초통화 등이 있는데, 이들을 포괄하는 개념이다.

표준편차 자료의 값이 얼마나 흩어져 분포되어 있는지 나타내는 산포도 값의 한 종류다.

투자신탁 대중으로부터 위탁회사가 자금을 모집해 이를 투자가를 대신해서 유가증권·부동산 등에 투자하고 그 수익을 투자가에게 나누어주는 제도다.

과표 세액이나 세율의 대소를 결정할 때 대상이 되는 값이나 수량을 가리킨다.

금융소득종합과세 이자소득과 배당소득의 금융소득을 종합소득에 합산해 과세하는 제도다.

배당락 결산 기말이 지나서 당기 배당을 받을 권리가 없어진 주가의 상태다.

장내 파생상품 파생상품 매매를 위해 한국거래소가 개설하는 시장이다.

선물거래 선물(futures)거래란 장래 일정 시점에 미리 정한 가격으로 매매할 것을 현재 시점에서 약정하는 거래로, 미래의 가치를 사고파는 것이다.

회사채 기업이 시설투자나 운영 등의 장기자금을 조달하기 위해 발행하는 채권이다.

헤지거래 증권 시장에서 발생하는 또는 발생할 가격변동으로부터 야기되는 위험을 회피하기 위해 이미 보유하고 있거나 보유할 예정인 현물 포지션에 대응해 동일한 수량의 반대 포지션을 선물시장에서 취하는 것이라 말할 수 있다.

경로의존성 한 번 일정한 경로에 의존하기 시작하면 나중에 그 경로가 비효율적이라는 사실을 알고도 여전히 그 경로를 벗어나지 못하는 경향성을 뜻한다.

PART 3

박스권 주가가 일정한 가격 안에서만 오르내리는 현상이다.

경기확장기 경기 저점에서 고점(정점)까지의 구간이며 경기 상승국면이다.

경기수축기 고점에서 저점까지의 구간(후퇴기와 수축기)은 경기 하강국면이다.

적립식펀드 일정 기간마다 일정 금액을 나눠 장기간 투자하는 펀드다.

펀더멘털 한 나라의 경제상태를 표현하는 데 있어 가장 기초적인 자료가 되는 성장률, 물가상승률, 실업률, 경상수지 등의 주요 거시경제지표를 말한다.

경기방어주 경기변동과는 상관없이 일정한 가격 수준을 유지하는 기업의 주식으로, 경기의 호전·위축과는 상관이 없거나, 별로 영향을 받지 않는 업종에 속하는 기업의 주식을 통틀어 일컫는다. 경기에 둔감하기 때문에 경기둔감주라고도 한다. 전력·가스·철도 등 공공재와 의약품·식료품·주류 등 생활필수품 등의 종목이 이에 해당한다.

경기민감주 경기민감주·경기수혜주·경기주도주 등 여러 이름으로 불린다. 사업구조상 경기와 밀접한 관련이 있어서 경기가 변동할 때마다 주가가 큰 폭으로 오르내리는 기업의 주식을 통틀어 일컫는다. 자동차·철강·항공·운수·석유화학·건설·정보기술(IT)·제지·반도체 등과 같이 처음에 투자 비용이 많이 드는 종목이 해당한다.

EAFE EAFE지수는 미국 및 캐나다 이 외의 주식 시장을 포괄하는 MSCI가 제공하는 주가지수다. 유럽, 호주 및 중동의 21개 주요 MSCI지수로 대표되는 주요 국제 주식 시장의 성과 벤치마크 역할을 한다. EAFE지수는 가장 오래된 국제 주가지수이며 일반적으로 MSCI EAFE지수라고 한다.

MSCI 미국의 금융정보 회사인 모건스탠리 캐피털 인터내셔널(Morgan Stanley Capital International)이 제공하는 세계 주가지수다. MSCI는 회사 이름의 영문 약자다. 전 세계의 투자자들이 가장 많이 참고하는 기준지수로 알려져 있다

EM 자본시장 부문에서 새로이 급성장하고 있는 국가들의 시장이다. '떠오르는 시장(Emerging Market)'이라는 뜻으로, 신흥시장이라고도 한다.

하이일드채권 투기등급에 해당하는 정크본드(junk bond)에 주로 투자하는 펀드로, 하이일드채권 펀드라고도 한다. 신용등급이 낮아 간접 금융시장에서 자금을 조달할 수 없는 기업이 발행한 채권에 투자하는 펀드이기 때문에 높은 수익률을 제공하는 대신 발행자의 채무불이행으로 인한 위험부담 또한 크다는 특징이 있다.

리밸런싱 운용하는 자산의 편입 비중을 재조정하는 행위를 말한다.

퀀트 'quantitative(계량적, 측정할 수 있는)'와 'analyst(분석가)'의 합성어다. 수학·통계에 기반해 투자모델을 만들거나 금융시장 변화를 예측하는 사람을 말한다. 이들은 컴퓨터 알고리즘을 설계해 투자에 활용한다.

시가총액가중방식 주가지수를 산출하는 방법 중 하나로, 포트폴리오를 구성하고 있는 주식들의 가격에 가중치를 둔 지수를 말한다. 주가에 상장주식수를 가중해 주가지수를 산출하는 시가총액가중지수(capitalization-weighted index) 방식이다.

옵션거래 어떤 상품을 일정 기간(유효기간) 내에 일정한 가격으로 매입 또는 매도할 권리를 매매하는 거래다. 권리를 행사할 수 있는 기간이 장래에 있기 때문에 광의의 선물거래라 할 수 있다.

롤오버(Roll Over) 채권이나 계약 등을 당사자 간의 합의로 만기를 연장하는 것을 의미하거나 선물계약과 연계해 차익거래 등의 포지션을 청산하지 않고 다음 만기일로 이월하는 것을 말한다.

듀레이션 현재가치를 기준으로 채권에 투자한 원금을 회수하는 데 걸리는 시간이다.

재간접펀드 다른 펀드(집합투자기구)가 발행한 집합투자증권(수익증권, 투자회사 주식 및 외국법령에 의해 발행된 증권으로서 집합투자증권의 성질을 가진 것 포함)에 펀드재산의 40% 이상을 투자하는 펀드를 의미한다.

커버드콜 콜 옵션을 매도하는 것과 동시에 기초자산을 매입하는 행위 또는 그런 전략을 말하며, 변동성이 큰 시장에서 유리하다. 기초자산이 하락하면 기초자산만을 보유한 것보다 실적이 좋지만, 반대로 기초자산이 상승하면 콜 매도로 인해 제한적인 수익이 발생한다.

치킨게임 어느 한쪽이 양보하지 않을 경우 양쪽이 모두 파국으로 치닫게 되는 극단적인 게임이론이다.

콘탱고 주식 시장에서 선물가격이 현물가격보다 높거나 결제월이 멀수록 선물가격이 높아지는 현상이다.

근월물 동일한 기초상품을 대상으로 하는 선물, 옵션 중 현시점에서 최종결제일이 상대적으로 가까운 결제 월의 종목을 말한다.

원월물 만기일이 많이 남은 계약을 말한다.

백워데이션 선물가격이 미래 현물가격보다 낮게 이루어지는 시장 또는 선물과 현물 간의 가격 역전현상을 말한다.

우선주 기업이 배당하거나 기업이 해산할 경우의 잔여재산을 배분 등에서 다른 주식보다 우선적 지위를 가지는 주식이다. 대개의 경우 의결권이 부여되지 않는다.

리츠(Reits) 투자자들로부터 자금을 모아 부동산이나 부동산 관련 자본·지분(Equity)에 투자해 발생한 수익을 투자자에게 배당하는 회사나 투자신탁이다. 'Real Estate Investment Trusts'의 약자로 부동산 투자신탁이라는 뜻이다.

PART 4

스왑 두 당사자가 각기 지닌 미래의 서로 다른 자금흐름을 일정 기간 동안 서로 교환하기로 계약하는 거래다.

PART 5

ELS(Equity-Linked Securities) 특정 주권의 가격이나 주가지수의 수치에 연계한 증권이다.

MMF(Money Market Fund) 머니마켓펀드(MMF)란 단기금융상품에 집중투자해 단기 실세금리의 등락이 펀드 수익률에 신속히 반영될 수 있도록 한 초단기공사채형 상품이다.

CMA(Cash Management Account) 고객이 맡긴 예금을 어음이나 채권에 투자해 그 수익을 고객에게 돌려주는 실적배당 금융상품이다.

ELW(Equity Linked Warrant) 주식워런트증권. 특정 대상물(기초자산)을 사전에 정한 미래의 시기(만기일 혹은 행사기간)에 미리 정한 가격(행사가격)으로 살 수 있거나(콜) 팔 수 있는(풋) 권리를 갖는 유가증권이다.

투기등급 신용등급은 기업이 회사채나 기업어음(CP)을 발행할 때 발행금리에 영향을 미치는 중요한 요인으로 작용한다. 회사채 신용등급은 최상등급이 AAA+이며 AAA, BBB 등급까지가 투자적격 등급이며 BB+ 등급 이하부터는 투기등급으로 분류된다.

통안채 한국은행이 시중 통화량 조절을 위해 금융기관을 상대로 발행하고 매매하는 채권으로 통화안정채권이라고 한다.

국고채 정부가 공공목적에 필요한 자금 확보 및 공급하는 공공자금관리기금의 부담으로 발행되는 채권이다.

지방채 지방자치단체가 지방재정의 건전한 운영과 공공의 목적을 위해 재정상의 필요에 따라 발행하는 공채다.

보증채 원리금 상환을 발행회사 이외에 제3자가 보증하는 채권으로 정부보증채, 일반보증채(시중은행·보증보험·신용보증기금 등) 등이 있다.

특수채 공공단체나 공적 기관 등 특별법에 의해 설립된 특별법인이 발행하는 채권이다. 한국토지공사·한국도로공사 등과 같이 특별법에 의해 설립된 특별법인이 특별법에 따라 자금조달을 목적으로 발행한다.

유가증권 일반적으로 재산적인 권리를 표시한 증서로서 화폐, 상품증권, 어음, 수표, 주식, 채권 등이 해당된다.

집합투자기구 2인 이상에게 투자 권유를 해서 모은 금전 등을 투자자로부터 일상적인 운용지시를 받지 아니하면서 재산적 가치가 있는 투자대상자산을 취득·처분 등의 방법으로 운용하고 그 결과를 투자자에게 배분하여 귀속시키는 것을 의미한다.

DLF 주가 및 주가지수를 비롯해 실물자산 등을 기초자산으로 하는 파생결합증권(DLS)을 편입한 펀드들을 말한다.

DLS 이자율·환율·실물자산·원자재·날씨·파산 여부 등 다양한 기초자산 가격에 투자해, 기초자산의 가격이 특정 범위 내에서만 움직이면 약정된 수익을 얻는 상품이다.

PART 6

시가총액 주식을 시가로 평가한 주식시장에서 평가되는 그 주식의 가치다. 전체 주식 시장의 시가총액은 그 주식 시장의 규모를 나타내며, 한 나라 경제 크기의 측정치로서 경제지표로 이용할 수 있다.

스프레드   채권의 발행이나 은행 대출 때 신용도에 따라 기준금리에 덧붙이는 가산금리를 뜻한다. 따라서 스프레드는 신용도가 높을수록 낮고, 신용도가 낮을수록 높다.

미국 예탁증권   미국에서 외국의 주식을 직접 매매하는 데 따르는 어려움을 덜기 위해서 은행이 원주권을 맡아 놓고 그 대신 발행해서 유통시키는 증권이다.

엄브렐라 펀드   하나의 어미 펀드 아래 서로 다른 여러 개의 하위펀드(Sub-Fund)가 모여 구성된 상품이다. 하위펀드는 MMF, 채권형, 성장주식형, 중소형주 등 각기 다른 성격의 상품에 투자한다. 그 후 장세 변동에 따라 다른 자(子) 펀드로 자유로운 전환이 가능하다. 어미 펀드 밑에 여러 개별 펀드가 있어 이들의 모양이 마치 우산 같다고 해 붙여진 이름이다.

단위형 펀드   펀드 모집 기간을 정해놓고 그 기간에만 고객을 대상으로 펀드를 모집하는 것을 말한다. 이와 반대로 고객이 원하면 언제든지 펀드에 돈을 추가할 수 있는 것은 '추가형 펀드'라고 한다.

참고자료

홈페이지

한국거래소 open.krx.co.kr

금융투자협회 www.kofia.or.kr

미래에셋자산운용 www.tigeretf.com

KB자산운용 www.kbam.co.kr

삼성자산운용 www.samsungfund.com

한국포스증권 www.fundsupermarket.co.kr

ETF Friend www.etftrend.co.kr

전국투자자교육협의회 www.kcie.or.kr

인베스팅닷컴 kr.investing.com

신한금융투자 www.shinhaninvest.com

www.etf.com

www.samsungetf.com.hk

블로그 및 카페

blog.naver.com/ddowoo/

blog.naver.com/eiyob/

blog.naver.com/gloryhaven/

cafe.naver.com/likeusstock/

blog.naver.com/gfyuna/

blog.naver.com/yjs4479/

blog.naver.com/mechoi0210

blog.naver.com/homofaber27/

blog.naver.com/hidlruddnr98/

blog.naver.com/d2rksider/

blog.naver.com/audgk8/

blog.naver.com/whdsud123/

cafe.naver.com/etf4u/

cafe.naver.com/h2rich/

따라하면 수익이 따라오는 ETF 투자

초판 1쇄 발행 2020년 10월 1일

지은이 | 이재준
펴낸곳 | 원앤원북스
펴낸이 | 오운영
경영총괄 | 박종명
편집 | 최윤정 김효주 이광민 강혜지 이한나
디자인 | 윤지예
마케팅 | 송만석 문준영
등록번호 | 제2018-000146호(2018년 1월 23일)
주소 | 04091 서울시 마포구 토정로 222 한국출판콘텐츠센터 319호(신수동)
전화 | (02)719-7735   팩스 | (02)719-7736
이메일 | onobooks2018@naver.com   블로그 | blog.naver.com/onobooks2018
값 | 16,000원
ISBN 979-11-7043-129-9 03320

이 도서의 국립중앙도서관 출판예정도서목록(CIP)은 서지정보유통지원시스템 홈페이지(http://seoji.nl.go.kr)와
국가자료공동목록시스템(http://www.nl.go.kr/kolisnet)에서 이용하실 수 있습니다. (CIP제어번호: CIP2020039088)